石砟漏斗车卸砟知识

《石砟漏斗车卸砟知识》编委会　编

中国铁道出版社有限公司

2025年·北　京

图书在版编目(CIP)数据

石砟漏斗车卸砟知识 /《石砟漏斗车卸砟知识》编委会编. -- 北京 ：中国铁道出版社有限公司，2025. 4.
ISBN 978-7-113-32053-9

Ⅰ. U272.6

中国国家版本馆 CIP 数据核字第 2025W4F321 号

书　　名:石砟漏斗车卸砟知识
作　　者:《石砟漏斗车卸砟知识》编委会

责任编辑:赵昱萌　　　　　**编辑部电话:**(010)51873626
封面设计:郑春鹏
责任校对:苗　丹
责任印制:赵星辰

出版发行:中国铁道出版社有限公司(100054,北京市西城区右安门西街 8 号)
网　　址:https://www.tdpress.com
印　　刷:北京联兴盛业印刷股份有限公司
版　　次:2025 年 4 月第 1 版　2025 年 4 月第 1 次印刷
开　　本:880 mm×1 230 mm　1/32　**印张:**5.5　**字数:**110 千
书　　号:ISBN 978-7-113-32053-9
定　　价:38.00 元

编 委 会

前　　言

石砟漏斗车自试制使用以来，经不断改进、改型，极大地提高了现场卸砟效率和卸砟质量。为了确保石砟漏斗车的卸砟作业安全和车辆运用管理结合部安全，给职工提供通俗、易懂、实用的，涉及石砟漏斗车卸砟作业基础知识、操作规程、作业标准、技术要求、安全质量的教材，针对目前实际情况和卸砟人员的培训需要，我们组织人员编写了《石砟漏斗车卸砟知识》一书。石砟漏斗车运用管理贯彻“依靠技术进步，促进生产发展”和“预防为主，养修并重”的方针，坚持“集中管理，统一使用，专业检修”的原则，注重正确使用、精心维护、周期检修、确保安全，目的是使石砟漏斗车处于良好的技术状态，充分发挥石砟漏斗车的效能。

本书共分十五章，较为全面地介绍了石砟漏斗车发展概况、构造性能、操作规程，作业标准，岗位标准，作业安全风险控制，作业流程，以及应急处置。书中卸砟工应知应会、必知必会等内容，以填空、判断、选择、简答题形式学练，便于职工自检学习效果和培训单位考查培训质量，既是从事石砟漏斗车卸砟工作的管理者熟悉作业标准、规范基础管理的工具书，又是培训职工掌握卸砟技术的参考书。

在编写过程中，西安局集团公司领导以及工务部、职培部、劳卫部、工务机械段的领导和同事对本书编写给予了大力支持，在此表示感谢！

书中如有不妥之处，欢迎广大读者批评指正。

本书编委会
2025年1月

目　　录

第一章　石砟漏斗车概况

石砟漏斗车(原称风动卸砟车)是一种专用于铁路运输系统,能够高效运输和倾倒石砟(碎石)的特种铁路车辆,是我国为促进铁路建设机械化发展而设计制造的无盖漏斗车。石砟漏斗车主要服务铁路线路新建、既有线线路设备大修、维修工作,以及工矿企业的散粒货物装运,它具有边走边卸以及向轨道内、外侧卸砟的功能,是我国铁路建设中的重要设备。石砟漏斗车可以有控制地、均匀地将石砟散布卸出,能够适应铁路建设、养护过程中大量石砟的快速卸砟需求。

第一节　石砟漏斗车的发展历程

一、初始阶段:填补机械化卸砟的空白

1959 年:为了推进铁路建设机械化,我国研制出 60 t 级石砟漏斗车,填补了机械卸砟的空白。这一阶段,石砟漏斗车的设计制造还处于摸索阶段,但其成功研制,为我国后续的石砟漏斗车发展奠定了基础。

二、改进与优化:K_{13} 型石砟漏斗车的定型

1982 年:经过七次改进后,K_{13} 型石砟漏斗车正式定型,采用普通碳素钢车体和木质结构操纵室。

K13 型石砟漏斗车车辆外形如图 1-1 所示。

图 1-1　K13 型石砟漏斗车

三、材质升级：提高使用寿命，延长检修周期

1994 年：面对更加复杂多变的运输环境和更高的性能要求，我国铁路工程师再次对 K13 型石砟漏斗车进行了全面的技术升级。经过重新设计的 K13 型石砟漏斗车问世，这次改进进一步增强了车辆的结构强度和安全性。车体改用耐大气腐蚀钢，操纵室变为全钢焊接，并研制了 K13N 型石砟漏斗车(原设计为 K13A 型，后定型为 K13N 型)，提高了车辆的使用寿命，延长了检修周期。

1998 年：我国研制了 K13D 型石砟漏斗车，车体采用普通碳素钢，共设九个卸砟底门(每侧各三个，中间三个)。同年，在 K13N 型石砟漏斗车的基础上，对传动装置、操纵室、制动装置、风控装置进行了优化改进，并增设了除尘系统，研制了 K13NA 型石砟漏斗车。

2001 年：为适应我国铁路货车提速的发展要求，在 K13NA 型石砟漏斗车的基础上，研制了装用转 8G 型转向架、NSW 型手制动机、不锈钢制动、除尘、风控管系及配件等新

技术的 K_{13NT} 型石砟漏斗车(后换装转 8B 型转向架)。

四、衍生发展:K_{13K}、K_{13AK} 型石砟漏斗车的出现

2002 年:通过换装转 K2 型转向架,衍生出 K_{13K}、K_{13AK} 型石砟漏斗车。

2003 年:在 K_{13NA} 型石砟漏斗车的基础上,研制了专用转 K2 型转向架的 K_{13NK} 型石砟漏斗车。

K_{13NK} 型石砟漏斗车车辆外形如图 1-2 所示。

图 1-2　K_{13NK} 型石砟漏斗车

五、多样化发展:适应不同运输需求和技术发展

2005 年:为加快铁路装备现代化进程,我国研制了 $KZ_{70(H)}$ 型石砟漏斗车,车辆载重 70 t,自重 23.8 t,车体采用 Q450NQR1 高强度耐候钢板和冷弯型钢,采用以风动为主、手动为辅的卸砟系统,风、手动操纵均可单独操纵,专用转 K6 型或转 K5 型转向架。

2007 年:我国研制了提高车体耐腐蚀性的 KZ_{70A} 型不锈钢石砟漏斗车,车体与货物接触部位的型钢及板材均为 TCS345 不锈钢,侧墙采用直板圆弧结构。

2009 年:为充分发挥现有线路的潜能,我国研制了

$KZ_{80(H、F)}$型石砟漏斗车，车辆载重 80 t、速度 100 km/h，车体采用 S450EW 和 Q450NQR1 高强度耐候钢板和冷弯型钢，侧墙采用了板柱式结构，装用 DZ1 型、DZ2 型、DZ3 型转向架。已完成各项型式试验、线路适应性试验、驼峰编组试验和混编列车综合性能试验。

KZ_{70} 型石砟漏斗车车辆外形如图 1-3 所示。

图 1-3　KZ70 型石砟漏斗车

KZ_{80} 型石砟漏斗车车辆外形如图 1-4 所示。

图 1-4　KZ80 型石砟漏斗车

六、现阶段的石砟漏斗车及特点

目前，我国石砟漏斗车主要为载重 60 t 的 K_{13} 系列石砟漏斗车、载重 70 t 的 KZ_{70} 系列石砟漏斗车以及载重 80 t 的

$KZ_{80(H、F)}$型石砟漏斗车。

具体来说，新型石砟漏斗车的设计更加注重车辆的稳定性和耐用性。通过采用高强度材料和先进的焊接工艺，新型车辆的结构强度得到了显著提升，能够在恶劣的工作环境下保持稳定的性能表现。新型车辆还采用了先进的卸砟机构和智能化控制系统，大大提高了卸砟效率和精度，降低了人力和物力的消耗。

随着环保理念日益深入人心，新型石砟漏斗车在设计上也更加注重环境保护和节能。例如，通过优化车辆的外形设计和降低车辆自重，新型车辆在运行过程中的能耗得到了显著降低。新型车辆还采用了低噪声、低排放的动力系统，有效降低了对环境的污染。

第二节　石砟漏斗车的技术特点与创新

一、石砟漏斗车的技术特点

车体结构设计方面，国内石砟漏斗车普遍采用无中梁、板柱式结构。无中梁结构不仅确保了车体的稳定性和强度，同时也通过精心的组焊工艺制造牵引梁、侧梁和枕梁等关键部件，从而保证了车体的整体刚度；侧墙采用板柱式设计，在美观的同时，为石砟运输提供了坚实的载体。

在卸砟系统方面，石砟漏斗车同样注重效率和可靠性。以 K_{13} 型车为例，通过换装转 K2 型转向架，K_{13} 型车得以演化为 K_{13K}、K_{13AK} 型，这些新型车辆在卸砟过程中表现出色。它们能够快速、均匀地将石砟散布卸出，这不仅大大提高了卸砟效率，还显著减少了作业时间，为铁路运输的顺畅进行提供了有力保障。

值得一提的是，为提高车辆的使用寿命，石砟漏斗车在车体材料选择上也做出了重要创新。普遍采用耐大气腐蚀钢材料的车体，具有出色的耐腐蚀性，能够有效抵御恶劣天气和环境的影响。这种材料的运用，不仅大大延长了车辆的使用寿命，使车辆的检修周期得到了延长，从而降低了维修保养费用，为铁路运输企业带来了显著的经济效益。

在深入分析石砟漏斗车的技术特点与创新点时，我们不难发现，其无中梁、板柱式车体结构，高效的卸砟系统以及耐腐蚀性强的车体材料，共同构成了其卓越的性能表现。这种卓越性能不仅体现在提升运输效率、确保行车安全上，更体现在延长车辆使用寿命、降低维修保养成本上。这些优势的综合作用，使得国内石砟漏斗车在铁路运输领域具有不可替代的重要地位。

具体来说，无中梁、板柱式车体结构的设计，使得车辆在保证稳定性和强度的同时也具备了更高的承载能力和更强的适应性。这种结构能够应对各种复杂多变的运输环境，确保石砟运输的安全和稳定。牵引梁、侧梁和枕梁等关键部件的精心制造，也进一步提升了车体的整体刚性和承载能力，为石砟运输提供了坚实可靠的载体。

二、技术创新与未来发展潜力

石砟漏斗车作为铁路运输领域的重要设备之一，其技术特点与创新发展对于提升整体运输效率和安全性具有至关重要的意义。随着科技的持续进步和环保要求的日益严格，石砟漏斗车正面临着前所未有的发展机遇与挑战。

在技术创新的道路上，新材料的应用将扮演关键角色。传统材料因其固有的局限性，已很难满足现代铁路运输对于车辆性能与寿命的高要求。高强度、轻质、耐腐蚀的新型材料有望得到广泛应用。这类新型材料的应用将显著降低车辆的自重，从而减小能耗，提升运输效率，同时还能够极大增强车辆的耐腐蚀性能，有效延长其使用寿命，并降低维护成本。这一变革性技术的引入，将为铁路运输行业带来全新的发展机遇。

另一方面，随着物联网、大数据等先进技术的迅速普及，石砟漏斗车的智能化发展也已成为必然趋势。通过集成远程监控和数据分析功能，石砟漏斗车将实现更加智能化的管理。这意味着，运营人员可以实时掌握车辆的运行状态，及时发现潜在风险，并据此优化运输方案，进一步提高运输效率和安全性。这种智能化管理模式将极大提升铁路运输的智能化水平，有助于推动整个行业的转型升级。

环保要求的日益严格，对于石砟漏斗车的设计和生产也产生了深远的影响。为了满足日益严格的环保标准，未来的石砟漏斗车将更加注重减少噪声、降低排放等方面的设计。这不仅有助于减少环境污染，提升铁路运输的环保形象，还将为铁路运输行业的可持续发展提供有力支撑。

随着运输需求的多样化，石砟漏斗车的多功能化也已成为发展的重要方向。未来的石砟漏斗车不仅需要具备传统的运输功能，还可能兼具装卸、仓储等多种功能。这种多功能化的设计将极大提升石砟漏斗车的综合性能，使其能够更好地适应不同的运输需求，进一步拓宽其应用领域。这一发展趋势将有助于提升铁路运输行业的服务水平和市场竞争力。

未来石砟漏斗车的技术创新将在新材料应用、智能化发展、满足环保要求和多功能化等方面取得重要突破。这些创新点的实现将有力地推动铁路运输行业的技术进步和可持续发展。这也将对整个交通运输领域产生深远的影响，为构建高效、安全、环保的交通运输体系提供有力支撑。

第二章　石砟漏斗车构造及性能

第一节　车辆轴重分类

一、21 t 轴重系列石砟漏斗车

21 t 轴重系列石砟漏斗车主要包含 K_{13}、K_{13N}、K_{13D}、K_{13NA}、K_{13NT}、K_{13AK}、K_{13K}、K_{13NK} 等车型。

21 t 轴重系列石砟漏斗车车体均为无中梁、板柱式结构。底架由牵引梁（K_{13} 型为 300 mm×87 mm×9.5 mm 槽钢组焊，其他车型均为 310 乙字形钢组焊）、槽钢侧梁、箱形断面结构枕梁、钢板压成不等翼 L 形断面端梁、小横梁及地板等组焊而成；侧墙采用板柱式结构，由上侧梁、侧板、变截面侧柱、检修门等组焊而成；端墙由上端缘、端板、角柱、端柱、腰带、斜撑等组焊而成，一位端墙上设有观察孔，可观察车内余砟情况；漏斗由中漏斗板、侧漏斗板、中隔板、端隔板、分砟梁、溜砟板、导流板等组焊而成，分砟梁除增加漏斗强度外，还可减轻石砟对底门的压力，溜砟板有固定式和可调式两种；操纵室为圆弧顶、全钢焊接结构（1994 年之前的 K_{13} 型为木质结构，之后均改为全钢焊接结构），内壁衬装阻燃型隔热材料，两侧设活动式侧窗及侧门，端面设有端门，以方便操作人员同时操纵前后连挂车辆。

卸砟系统采用以风动为主、手动为辅的机械传动装置，通过拨叉拨动离合器来实现风、手动操纵的转换。风、手动控制装置均设在车体一位端的底架上，风动控制系统的风源来自列车主管，可使用风动控制系统中的三个操纵阀控制压缩空气驱动底门开闭机械传动装置，实现车体两侧及中间底门的开闭，两侧底门可单独操纵，亦可集中操纵；在无风源时，可使用手动控制系统中的减速器手轮驱动底门开闭机械传动装置，实现车体两侧底门的同时开闭，中部底门无手动。

车钩缓冲装置采用 13 型或 13A 型车钩、13 型或 13A 型钩尾框、2 号或 MX-1 型或 ST 型或 MT-3 型缓冲器；制动装置采用 GK 型三通阀或 120 型控制阀 ϕ356 mm×254 mm 或 ϕ254 mm × 254 mm 密封式制动缸、ST2-250 型闸调器、KZW-A 型或手动空重车调整装置，采用链式或 NSW 型手制动机；K_{13}、K_{13N}、K_{13D}、K_{13NA} 型石砟漏斗车装用转 8A 型转向架，K_{13NT} 型石砟漏斗车装用转 8G 型或转 8B 型转向架，K_{13NK} 型石砟漏斗车装用转 K2 型转向架。

2001 年以后，既有 K_{13}、K_{13N}、K_{13NA} 型石砟漏斗车进行适应铁路 120 km/h 提速改造，换装转 K2 型转向架，制动装置采用 120 型控制阀、ϕ254 mm×254 mm 密封式制动缸、ST2-250 型闸调器、KZW-A 型空重车调整装置、链式或 NSW 型手制动机，车型改为 K_{13K}、K_{13AK}、K_{13NK}。

二、23 t 轴重系列石砟漏斗车

23 t 轴重系列石砟漏斗车主要包含 $KZ_{70(H)}$、KZ_{70A} 等车型。

$KZ_{70(H)}$型石砟漏斗车的车体采用 Q450NQR1 高强度耐

候钢，为无中梁、全钢焊接结构。中梁采用材质为 YQ450NQR1 的热轧 310 乙字型钢，下侧梁采用 180 mm 高的矩形钢管，枕梁为变截面箱形结构；侧墙为板柱式结构，由专用冷弯钢管上侧梁、侧板、U 形双曲面高强度冷弯型钢侧柱等组焊而成；端墙由上端梁、端板、腰带、端柱、斜撑等组焊而成，一位端墙上设有观察孔，可观察车内余砟情况，二位端墙上设有扶梯；漏斗由中漏斗板、侧漏斗板、中隔板、端隔板、分砟梁、导流板等组焊而成；操纵室采用圆弧顶、内外全钢结构，内壁衬装阻燃型隔热材料，设有侧门、活动式侧窗等，侧门外装有安全链；端部设有端门，供操作人员同时操纵前后连挂车辆；全车共设六个卸砟底门，每侧各两个，中间两个。

卸砟系统采用以风动为主、手动为辅的机械传动装置，并设有防误转动装置。风控系统风源来自列车主管，由三个操纵阀分别控制四个外侧底门和两个斜对角布置的中间底门的开闭，两侧底门可单独操纵，亦可集中操纵。在无风源时，使用手动系统通过减速器手轮来实现底门的开闭，中间底门无手动操作。

$KZ_{70(H)}$型石砟漏斗车采用 17 型车钩及配套钩尾框、MT-2 型缓冲器；采用 120 型控制阀空气制动系统和 NSW 型手制动机；装用转 K6 或转 K5 型转向架。

三、27 t 轴重 $KZ_{80(H、F)}$型石砟漏斗车

$KZ_{80(H、F)}$型石砟漏斗车车体采用 Q450EWR1 高耐蚀型耐候钢和 Q450NQR1 高强度耐大气腐蚀钢，为无中梁、全钢焊接结构。牵引梁采用材质为 YQ450NQR1 的热轧 310 乙字型钢，枕梁为变截面箱形结构，下侧梁采用专用异型冷弯

型钢；侧墙为板柱式结构，由专用冷弯异形钢管上侧梁、冷弯双曲面帽型钢侧柱、侧板等组焊而成；端墙由冷弯型钢上端梁、端柱、角柱、端板、腰带、斜撑等组焊而成，一位端墙上设有观察孔，二位端墙上设有扶梯；漏斗由中漏斗板、侧漏斗板、中隔板、端隔板、分砟梁、导流板、调整板、加强板等组成；操纵室设置在车体一位端，采用圆弧顶、全钢焊接结构，内壁衬装阻燃型隔热材料，内壁衬装阻燃型装饰板，两侧壁均设有隔热平开内外双层结构的侧窗，内部设有带阻尼可折叠边凳，端部设有端门及雨檐；全车共设六个卸砟底门，每侧各两个，中间两个。

$KZ_{80(H、F)}$型石砟漏斗车卸砟系统的原理、结构与$KZ_{70(H)}$型石砟漏斗车基本一致；装用 DZ1 型或 DZ2 型或 DZ3 型转向架；采用 17 型车钩及配套钩尾框、MT-2 型或 HM-1 型缓冲器；采用 120 型或 120-1 型控制阀空气制动系统和 NSW 型手制动机。

接下来本章将以 KZ_{70} 型石砟漏斗车为例，讲解构造及性能。

第二节　KZ70 型石砟漏斗车车辆用途及基本参数

一、车辆用途

KZ_{70} 型石砟漏斗车在标准轨距铁路上使用，主要用于铁路线路新建、维修时铺设石砟或运送散粒货物；满足上装下卸和轨道内外侧均匀卸砟的使用要求；卸砟系统采用以风动为主、手动为辅的机械传动开门机构；两侧卸砟可单独操纵，亦可集中操纵。

二、车辆使用环境条件

车辆使用环境见表 2-1。

表 2-1　车辆使用环境

环境温度/℃	－40～＋50
环境最大湿度	85％

三、主要性能参数及基本尺寸

1. 主要性能参数见表 2-2。

表 2-2　主要性能参数

载重/t	70
自重/t	约 23.8
自重系数	≤0.34
轴重/t	$23^{+2}_{-1}\%$
容积/m^3	42
比容/(m^3/t)	0.6
换长	1.1
通过最小曲线半径/m	145
最高运行速度/(km/h)	120
制动距离(重车、紧急)/m	≤1 400
全车制动倍率	7.8
限界	符合《标准轨距铁路限界　第 1 部分:机车车辆限界》(GB 146.1—2020)》的要求

2. 基本尺寸见表 2-3。

表 2-3　基本尺寸

车辆长度/mm		12 074
车辆定距/mm		8 000
车辆最大宽度/mm		3 168
车辆最大高度(空车)/mm		3 726
底架长度/mm		11 108
底架宽度/mm		2 920
底门长度/mm		2 236
底门开度/mm		≥190
溜砟板距轨面最小距离(空车)	侧面/mm	310
	中间/mm	230
漏斗距轨面最小距离(空车)/mm		170
车体端墙与水平面夹角/(°)		36.5
车钩中心线距轨面高(空车)/mm		880
转 K6 型转向架固定轴距/mm		1 830
车轮直径/mm		840

第三节　KZ70 型石砟漏斗车车辆主要结构及使用说明

一、车辆主要结构

石砟漏斗车主要由车体、卸砟系统、车钩缓冲装置、制动装置及转向架等组成。

1. 车体

石砟漏斗车车体为无中梁全钢焊接结构，主要由底架、侧墙、端墙、漏斗、操纵室等组成，主要型钢和板材均采用符合 TB/T 1979—2023 规定的 Q450NQR1 高强度耐候钢。

底架由牵引梁、侧梁、枕梁、端梁、小横梁及钢地板等组焊而成。牵引梁采用符合 TJ/CL 354—2004 要求的屈服强度 450 MPa 的热轧 310 乙字型钢，保证－40 ℃时的低温冲击功 A_{kV}不小于 24 J，车体一位端牵引梁上翼缘内侧设有符合 TJ/CL 235—2010 的模压永久性标志；侧梁采用高 180 mm矩形钢管；枕梁为上、下盖板及双腹板组焊而成的变截面箱形结构；采用直径为 358 mm 的锻造上心盘及材质为 C 级钢的前从板座和一体式后从板座，前从板座和一体式后从板座上均装用可拆卸式磨耗板。前从板座与牵引梁间采用符合 TJ/CL 160 要求的专用拉铆钉连接。脚蹬、牵引钩与侧梁间，扶手与地板及托梁间均采用符合 TJ/CL 160 或 TJ/CL 232 要求的专用(短尾)拉铆钉连接。

侧墙为板柱式结构，由上侧梁、侧柱、侧板等组焊而成。上侧梁采用专用冷弯异形钢管，侧柱采用 U 形双曲面冷弯型钢。

端墙由上端梁、腰带、端柱、角柱、斜撑和端板等组焊而成。上端梁、腰带、端柱、角柱和斜撑采用冷弯型钢。一位端墙上设有观察孔，二位端墙上设有扶梯。

漏斗由中漏斗板、侧漏斗板、中隔板、端隔板、分砟梁、导流板、溜砟板和调整板等组成，溜砟板与调整板采用螺栓连接。在中隔板上安装铁路货车车号自动识别系统的车辆标签。

操纵室为圆弧顶全钢焊接结构，内壁衬装阻燃型隔热材料及阻燃型装饰板。设有端、侧门和活动式侧窗，侧门内装有安全链。操纵室侧门装用材质为 06Cr19Ni10 的不锈钢扶手。

2. 卸砟系统

卸砟系统由卸砟门、风动卸砟系统、手动卸砟系统等组成，风、手动卸砟系统可各自单独操纵。设有六个卸砟门，车体每侧各两个、中间两个。风动卸砟系统由操纵阀、给风调整阀、截面 254 mm×220 mm 旋压式双向风缸、组合式集尘器及风动管路等组成，风动管路采用不锈钢管系及不锈钢法兰接头或压紧式块状接头；手动卸砟系统由减速器、离合器、空心传动轴及拉杆等组成，分别控制两侧卸砟门，不控制中间卸砟门。卸砟系统设有防误转动装置。

3. 车钩缓冲装置

采用符合规定图样和技术条件的 E 级钢 17 型车钩，采用符合运装货车电〔2007〕2883 号电报要求的加厚型钩舌，配套采用符合 TB/T 456.3、TJ/CL 083、TJ/CL 177 和运装货车电〔2008〕2099 号电报要求的 17 型锻造钩尾框、合金钢钩尾销，车钩采用连续通过方式进行热处理。采用 MT-2 型缓冲器，采用符合 TJ/CL 061 和运装货车〔2008〕631 号文件要求的防脱型含油尼龙钩尾框托板磨耗板。安装的螺栓和防跳插销应符合运装货车〔2010〕575 号文件的要求。

4. 制动装置

采用符合运装货车〔2006〕262 号文件要求的制动装置，并符合运辆货车函〔2012〕45 号、运辆货车函〔2015〕48 号及相关文件的要求。

(1)空气制动装置

空气制动装置主管压力满足 500 kPa 和 600 kPa 的要求；采用 ST2-250 型双向闸瓦间隙自动调整器，符合 TJ/CL 085—2005、运装货车〔2006〕262 号文件、运装货车电〔2006〕2663 号文件和机辆技术函〔2018〕30 号要求的 KZW-A 型空重车自动调整装置；采用 B 级钢手柄的 A 型不锈钢球芯折角塞门和组合式集尘器；采用编织制动软管连接器、E 形密封圈、具有防盗功能的制动管吊；采用符合运辆货车函〔2015〕513 号文件要求的高摩擦系数合成闸瓦；采用符合运辆货车函〔2016〕443 号文件要求的 120 型空气控制阀；采用 305 mm×254 mm 整体旋压密封式制动缸(不带复原装置)，缸体上模压有型号规格永久性标志；装用不锈钢嵌入式储风缸；制动杠杆装用奥-贝球铁衬套；采用不锈钢制动管系及法兰接头，其中主管法兰装用符合运辆货车函〔2016〕144 号文件要求的穿入式整体法兰。采用锻造制动杠杆、一体式锻造拉杆头。按运装货车电〔2009〕137、217 号电报要求对螺栓螺母进行点焊固定。风缸、制动缸、测重机构的安装，制动管系法兰连接，基础制动装置应符合运装货车〔2010〕575 号文件的要求。

(2)手制动装置

采用符合运装货车〔2001〕2 号文件、TJ/CL 167、运辆货车函〔2012〕45 号文件和运辆货车函〔2015〕240 号文件要求的 NSW-Ⅰ型手制动机；手制动机与安装座间采用符合 TJ/CL 160—2007 或 TJ/CL 232—2010 文件要求的专用(短尾)拉铆钉连接。手制动拉杆与链蹄环、手制动动滑轮与手制动拉杆间的连接符合运装货车〔2010〕575 号文件的要求。装用符合运辆货车函〔2015〕128 号文件要求的防脱手制动拉杆。

5. 转向架

装用转 K6 型转向架。摇枕、侧架采用符合要求的 B+ 级铸钢，制造须符合相关要求，采用自动化整体下芯工艺制造；组合式斜楔的主摩擦板采用符合要求的高分子复合材料，侧架立柱磨耗板材质采用 45 号钢；滑槽磨耗板材质采用 T10；采用两级刚度弹簧；采用直径为 375 mm 的下心盘，下心盘内装用符合标准的导电型心盘磨耗盘；装用符合要求的 353130B 紧凑型轴承和 RE2B 型 50 钢车轴，采用符合标准的 CL65 材质 HESA 型辗钢整体车轮或符合标准要求的 ZL-C 材质 HEZD 型铸钢车轮；采用杠杆制动装置，基础制动装置采用奥-贝球铁衬套、组合式制动梁，制动梁装用菱形滑块磨耗套和符合要求的弹性闸瓦插销环，闸瓦托与制动梁梁架间采用钢铆钉连接。制动梁和横跨梁安全链与摇枕间、制动梁安全链与卡子间、横跨梁与托座间的连接，L-B 型制动梁卡子及基础制动装置应符合相关要求。

浇铸工艺心盘磨耗盘、旁承磨耗板还应符合 TJ/CL 133—2006、TJ/CL 169—2007 的要求，注塑工艺心盘磨耗盘、旁承磨耗板还应符合 TJ/CL 200—2008 的要求。采用符合 TJ/CL 155—2006 要求的下交叉支撑装置；一系采用符合 TJ/CL 178、运装货车〔2009〕508 号文件要求的内置铜导线轴箱橡胶垫；采用锻造支撑座；采用符合 TJ/CL 137—2006 要求的 JC 型双作用弹性旁承，旁承组装须符合运辆货车函〔2015〕48 号文件的要求；采用符合 TJ/CL 134—2006 要求的侧架和链式固定杠杆支点。交叉支撑装置扣板连接采用短尾拉铆钉应符合 TJ/CL 232—2010 及有关要求。挡键及挡键螺栓符合相关文件要求。横跨梁符合运辆货车电〔2011〕3710 号电报要求。侧架固定轴距(1 830±1)mm,铲除相应标志的标志符。

二、风动系统使用说明

风动操纵可任意控制左、中、右侧底门,风动系统示意如图 2-1 所示。

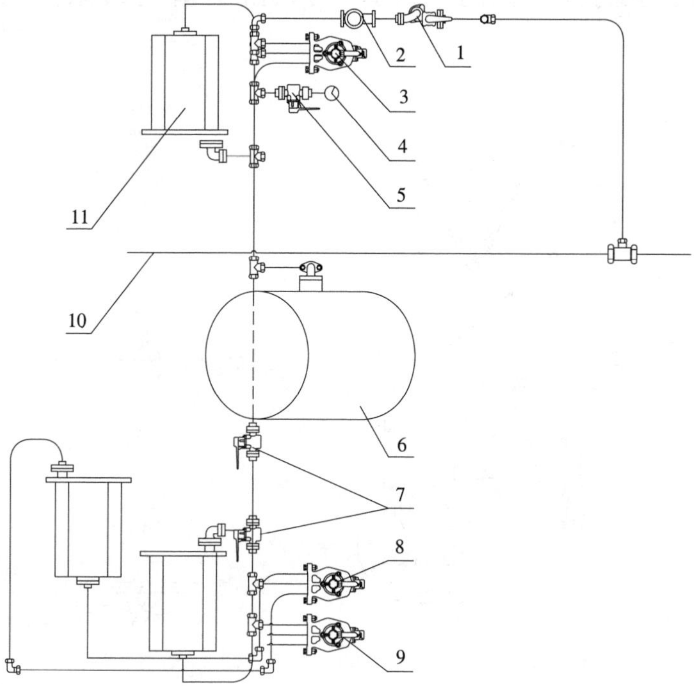

1—组合式集尘器;2—给风调整阀;3—操纵阀(右侧门);
4—风表;5—塞门;6—储风缸;7—两侧底门集中开关塞门;8—操纵阀(中间门);
9—操纵阀(左侧门);10—主管;11—254 mm×220 mm 双向风缸。

图 2-1 风动系统示意

1. 准备工作。

列车运行前，打开组合式集尘器为储风筒充风，打开塞门，待风表指针达到 400 kPa 以上，关闭组合式集尘器，离合器传动轴手柄置于分离位置，将操纵阀手柄放在中立位置（图 2-2）。

2. 左侧卸砟。

如图 2-2 所示，将左侧门操纵阀手柄扳到开门位，这时双向风缸活塞推出，左侧底门打开。需要关闭时，将左侧门操纵阀的手柄扳到关门位，则双向风缸活塞退回原位，底门关闭。

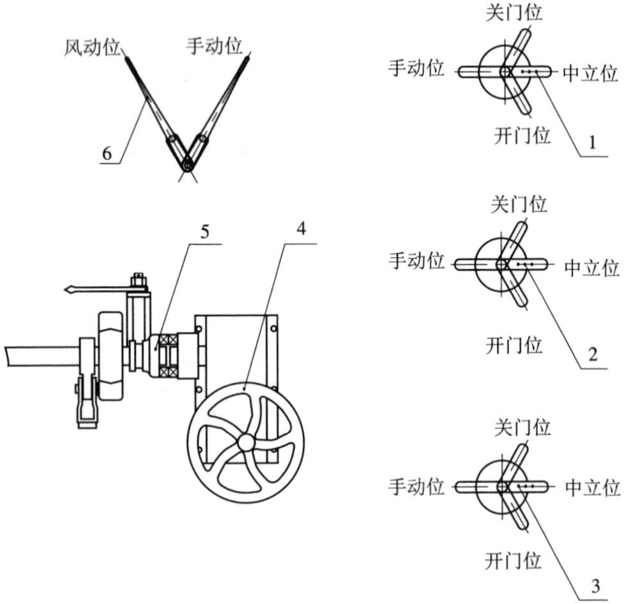

1—操纵阀（右侧底门开关用）；2—操纵阀（中间底门开关用）；
3—操纵阀（左侧底门开关用）；4—手轮；5—离合器；6—离合器手柄。

图 2-2　操纵系统示意（风动位）

3. 中间卸砟。

如图 2-2 所示，扳动操纵阀 2，动作与左侧卸砟相同。

4. 右侧卸砟。

如图 2-2 所示，扳动操纵阀 1，动作与左侧卸砟相同。

5. 根据需要，开放两侧底门集中塞门，可以利用一个操纵阀(左侧或右侧)，使两侧底门同时开关。

6. 石砟卸完以后关闭全部底门，将操纵阀手柄置于手动位，将双向风缸内的风全部排净，关闭所有塞门，操纵阀手柄放在中立位(图 2-2)。

三、卸砟位置的调整

两侧卸砟位置除了依靠行车速度进行调整外，车辆本身也可进行适当的调整。在行车速度为 15 km/h 的条件下，KZ_{70} 型石砟漏斗车出厂时调整板的安装位置如图 2-3 所示，若根据需要要再远些，调整板可往下移一个孔(其孔距为 50 mm)，使卸砟位置再远 50～80 mm。若要求两侧石砟卸得离轨道近一些，可以将溜砟板下方的调整板卸下反装，可比上述卸砟位置近 100～150 mm。

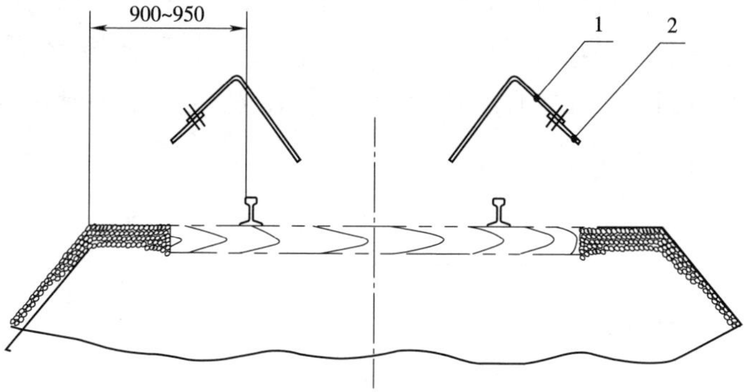

1—溜砟板；2—调整板。

图 2-3　卸砟时调整板位置示意(单位：mm)

四、操纵室使用说明

1. 操作人员进入操纵室后，当侧门处于打开状态时，应将侧门内安全链挂钩插入外侧安全链座，以防列车突然运行或停车将人甩出车外。

2. 操作人员上车后卸砟前应提前将侧窗打开，供卸砟时观察路面道砟情况和观察信号，严禁从侧门瞭望。

五、制动装置使用说明

1. 制动缸活塞行程

制动缸活塞行程由控制杆挡铁到闸调器筒体间的距离 A 控制，A 的大小可以通过移动挡铁在控制杆上的位置来调整。该车设计制动缸活塞行程，空车位为(155±10)mm。

2. ST2-250 型闸调器

该闸调器能够自动控制闸瓦与车轮间的间隙，使制动缸的活塞行程保持在一定范围内，从而有效地确保整列车的制动力，提高了列车运行的安全性。

为了保证闸瓦磨耗后闸调器螺杆有足够的裕量可供调短，或在更换新闸瓦后螺杆有足够的裕量可供调长，必须合理地选定闸调器螺杆伸出护管的长度 L。新造车出厂时 L 在 200～240 mm 之间。L 值的位置示意如图 2-4 所示。

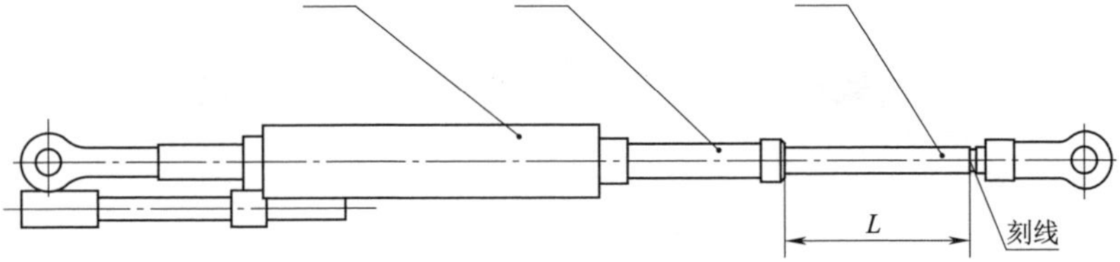

1—螺杆；2—护管；3—筒体。

图 2-4　L 值的位置示意

在调整 L 值时，往往会出现过大或过小的情况，这时可变换转向架固定杠杆支点销孔的位置来调整，必要时也可变换转向架中拉杆销孔的位置，但应注意调整尽量在两个转向架上均匀进行(不对称性不得大于一个孔的位置)，以避免制动杠杆向车的一侧过分偏斜而影响制动性能。L 值调好后，运用中就不要随便调换各杠杆孔的位置。当一次需要更换两块闸瓦时，为了方便换瓦，允许人工转动闸调器筒体使闸调器螺杆伸长，但换瓦后，应及时反向转动筒体，使闸调器螺杆恢复到原来长度。绝对不允许采用通过变换孔的办法增大闸瓦间隙进行换瓦。

检查基础制动装置时，不允许用锤敲击闸调器，以防损坏其内部的零件。

ST2-250 型闸调器的使用与维护详见《ST2-250 型双向闸瓦间隙调器的使用维护说明书》。

3. 配件使用维护说明书

120 阀的使用与维护详见《120 型货车空气控制阀使用维护说明书》。

空重车自动调整装置的使用与维护详见《KZW-A 型货车空重车调整装置使用维护说明书》。

手制动机的使用与维护详见《NSW-Ⅰ型手制动机使用维护说明书》。

六、车钩缓冲装置

车钩缓冲器使用和维护详见《16、17 型车钩使用维护说明书》《MT-2/3 型缓冲器使用维护说明书》。

七、转向架

转向架使用及维护详见《K6 型转向架使用维护说明书》。

第四节 KZ70 型石砟漏斗车维护说明及注意事项

一、维护说明

1. 风动管路系统（包括双向风缸、风管、操纵阀、给风调整阀、组合式集尘器、球阀等）以及连杆传动系统的检修应在车辆段修时由车辆部门同时进行，检修标准与车辆风制动标准相同。

2. 各轴承及销孔需保持良好润滑，经常向压配式油杯内注入软干油。

3. 每半年向减速器内注一次软干油，保持良好润滑。

4. 活塞杆套外表面应保持良好润滑，每三个月要将导向套卸下将润滑圈（泡沫塑料圈）清洗后，浸透油再装在双向风缸上。

5. 活塞杆套与导向套如果有漏风现象，应卸下导向套，检查密封圈是否磨损，如果已损坏应更换新品。

6. 底门开闭机构每年全面检查、维修一次。

7. 调整摆块开关底门时，摆角 A 与 B 应一致，否则活塞杆容易别劲。如图 2-5 所示，组装及使用时，要经常注意其摆角，发现不一致时，应及时进行调整，方法为：利用拉杆及拉杆丝扣调整长度即可改变摆角 A 及 B，使 A 等于 B。以上方法不足以调整时，还可在底门连杆上调。

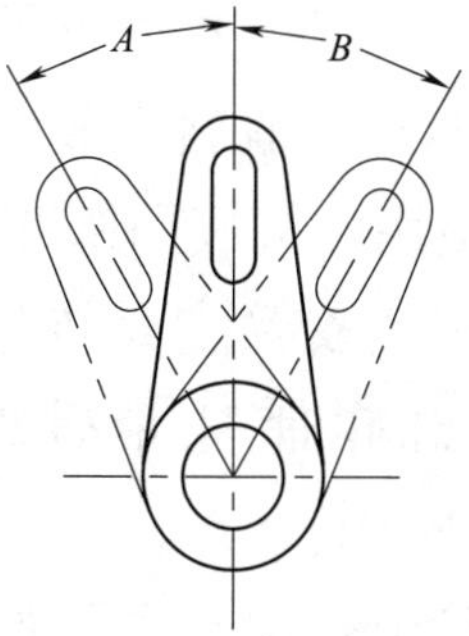

图 2-5　摆块示意

二、注意事项

1. 严禁该型车通过机械化驼峰。

2. 严禁作业人员在接触网区域沿该型车扶梯攀登车辆。

3. 装车前应详细检查各底门是否都关闭良好，操纵室下方由列车管至风动系统的组合式集尘器、风动系统各塞门应处于关闭位。

4. 严禁将直径大于 100 mm 的石块等物体，以及大量泥土装入车内，以免造成冬季低温时石砟冻结，堵塞底门，影响底门开闭作用。

5. 列车运行前应详细检查各底门是否关闭良好，各连接件有无松动、脱落，各离合器置于脱开位置，各操纵阀手柄处于中立位，组合式集尘器处于关闭位。

6. 遇到下列情况之一时，严禁操纵卸砟车卸砟：道岔及道岔咽喉区、明桥面的桥上、道口、无砟的新建铁路或有底砟但未经压道试验的新线、列车运行速度超过规定时、在曲线区段一侧。

7. 只有在新建、大修线路道心严重缺砟，并经用砟单位提出且指定专人负责监视时，才可打开中门，同时严格掌握卸砟量，以防卸砟超限，造成脱轨事故。

8. 运行过程中，使用中央底门卸砟时，应缓慢开启，以避免有堆砟而碰伤转向架下交叉支撑装置。

9. 使用中央底门卸砟时，若最后两个角上有部分余砟，可以开启两侧底门卸掉余砟。

10. 底门由于故障卡住时，不得硬用风动或风动手动卸砟并用，以免损伤机械。

11. 应尽量避免单侧卸砟，弯道上不允许单侧卸砟，否则容易造成翻车事故。

12. 卸砟时行车速度应在 8～15 km/h 内根据需要进行选择。正在开放底门进行卸砟时严禁突然停车，以防列车脱轨。严禁一人同时开启两辆车底门，以防遇到紧急停车时关门不及造成事故。

13. 车辆定期维护说明：车辆须按有关要求定期进行厂、段修，以保持状态良好。

14. 寿命、检修周期及质量保证。车辆使用寿命为 25 年。车辆检修周期：厂修 8 年，段修 2 年。

质量保证：质量保证期自移交之日起计算。在正常使用条件下，整车质量保证期为 24 个月。

在正常使用条件下，一个厂修期内保证：①车体承载结构无裂损；摇枕、侧架、组合式斜楔体、上心盘、下心盘、承载鞍、车钩钩体无裂损且磨耗不超限，其中铸件铸造缺陷不超限。②车轴、车轮、支撑座、组合式制动梁、制动缸体及前盖、双向风缸缸体及前盖、减速箱体、传动轴轴承无裂损，轴向橡胶垫不失效，弹簧无折断。③传感阀、限压阀、120 型控制阀、操纵阀、给风调整阀阀体及折角塞门、组合式集尘器体无裂损，铸造缺陷不超限；手制动机作用良好、无裂损；闸瓦间隙调整器作用正常、不失效。④含油尼龙钩尾框托板磨耗板、车钩支撑座尼龙磨耗板、钩尾销托梁尼龙磨耗板、立柱磨耗板、滑槽磨耗板、奥-贝球铁衬套无裂损、磨耗不超限，底门开闭机构各传动部件无裂损。

在正常使用条件下，车辆运行 6 年内保证：弹性旁承体、轴箱橡胶垫不失效，心盘磨耗盘、斜楔主摩擦板磨耗不超限，编织制动软管总成无裂损、不脱层，钩舌无裂损。

在正常使用条件下，车辆运行 2 年内保证：旁承磨耗板、滑块磨耗套无裂损、磨耗不超限。

在正常使用条件下，交叉杆组成质量保证期为 12 年或 160 万 km，在质量保证期内交叉杆和交叉杆扣板无裂损、不失效。

在正常使用条件下，缓冲器质量保证期为 6 年或 120 万 km。在质量保证期内缓冲器箱体、弹簧座和锻件无裂损，弹簧无折断。

在正常使用条件下，轮对和轴承的质量保证期分别为 6 年和 8 年。

在正常使用条件下，锻造钩尾框质量保证期为 25 年，在质量保证期内因制造质量引起的裂断由制造企业负责。

在正常使用条件下，铸钢摇枕、侧架使用寿命为 35 年，整个使用寿命期内，因铸造内部缺陷引起的事故由制造企业负责。

注释

本章中涉及的铁路专用产品标准性技术文件和铁道行业标准如下（按照出现

的顺序排序）。

标准性技术文件/铁道行业标准编号	标准性技术文件/铁道行业标准名称
TB/T 1979—2023	机车车辆特种金属材料　耐大气腐蚀钢
TJ/CL 354—2004	铁路货车用高强度耐大气腐蚀钢热轧 310 乙字钢技术条件(暂行)
TJ/CL 235—2010	铁路货车配件永久性标志技术条件(暂行)
TJ/CL 160—2007	铁路货车专用拉铆钉及铆接技术条件
TJ/CL 232—2010	铁路货车专用短尾拉铆钉技术条件
TB/T 456.2—2019	机车车辆自动车钩缓冲装置　第 2 部分：自动车钩及附件
TB/T 456.3—2018	机车车辆自动车钩缓冲装置　第 3 部分：钩尾框
TJ/CL 083—2010	锻造钩尾框技术条件
TJ/CL 061—2003	铁路货车含油尼龙钩托梁磨耗板、钩尾框托板磨耗板、制动梁滚子轴套、基础制动衬套技术条件(暂行)
TJ/CL 085—2005	货车空重车自动调整装置图样和技术条件
TB/T 3104.1—2020	机车车辆闸瓦　第 1 部分:合成闸瓦
TJ/CL 169—2007	铁路货车转向架高分子复合材料斜楔主摩擦板技术条件及检验方法
TJ/CL 133—2006	铁路货车心盘磨耗盘和旁承磨耗板技术条件及检验方法
TJ/CL 200—2008	铁路货车注塑工艺心盘磨耗盘和旁承磨耗板技术条件及检验方法
TJ/CL 155—2006	铁路货车交叉杆组成技术条件及检验方法

续上表

标准性技术文件/铁道行业标准编号	标准性技术文件/铁道行业标准名称
TJ/CL 178—2007	铁路货车转K6型转向架轴箱橡胶垫技术条件和检验方法
TJ/CL 137—2006	铁路货车用JC型双作用弹性旁承技术条件及检验方法
TJ/CL 134—2006	铁路货车运用问题原因分析及解决措施技术要求

第三章　卸砟作业岗位标准

卸砟作业岗位标准从作业人员的基本素质、基本技能、工作质量提出具体的要求，明确卸砟班组工长、副工长以及卸砟工的岗位职责。

第一节　基本素质要求

1. 文化素质：新取证人员必须具备高中（或同等学力）及以上学历。

2. 职业资格：经培训考试合格，并取得职业资格证书和岗位培训合格证书。

3. 工作经历：在卸砟工岗位见习 6 个月以上，并经技能鉴定合格后方可单独从事本岗位作业。

4. 身体要求：无色盲、色弱，视力、听力符合标准，心脏运动负荷检查未见异常表现。

5. 职业道德：遵章守纪、敬业爱岗、服从指挥、团结协作。

第二节　基本技能要求

1. 熟悉卸砟区段内线路设备情况及要求，能按规定完成卸砟作业。

2. 掌握石砟漏斗车的风动操纵机构、杠件传动系统、空重阀、操作室门窗等设备使用的规定及要求。

3. 了解石砟漏斗车风动操纵系统的基本构造和工作原理，能按规定对石砟漏斗车进行风压试验、设备保养，正确操作风动或手动卸砟机构。

4. 能发现石砟漏斗车风动操纵机构及卸砟边门、底门、操作室门窗的常见故障和石砟漏斗车的厂、段、辅修过期情况，并及时报告。

5. 掌握石砟漏斗车在非正常情况下的各种安全卸砟办法和应急处理技能；掌握事故预防、处理及救援起复等基本知识，能使用安全防护用品，有效采取措施，防止事故扩大。

6. 掌握石砟漏斗车及宿营车的防火、防寒知识。

7. 能填写石砟漏斗车行车、装卸设备保养日记，设备故障、事故报告台账、记录等行车资料。

第三节　工作质量要求

1. 严格执行《普速铁路工务安全规则》《铁路交通事故调查处理规则》《石砟漏斗车操作规程》等有关规定及要求。

2. 按规定着装，精神饱满作业，班前严禁饮酒，塑造良好的岗位形象。

3. 按规定程序对石砟漏斗车进行检查，卸砟后，正确关闭石砟漏斗车卸砟边门、中门及操作室门、窗。操作手柄处于关闭位置、空重阀处在正确位置，检查检修门锁牢固等，确保石砟漏斗车运行状态良好安全。

4. 严格执行“十不卸”有关规定，确保石砟漏斗车运行安全、平稳。“十不卸”即：道岔及道岔咽喉区不卸，明桥面上不卸，道口不卸，无底砟的新线、有底砟但未经压道试验的线路不卸，列车运行速度不符合 8～15 km/h 不卸，线路一侧卸砟不卸，线路两侧有堆积物、卸砟将威胁行车安全时不卸，恶劣天气及夜间（无天窗点、无充足照明）不卸，卸砟负责人及用砟单位人员未到位不卸，卸砟地点与现场缺砟情况不符不卸。

5. 在非正常情况下发生突发事件和常见故障时，能及时向行车指挥、车辆部门报告或处理。

6. 交接班时，严格执行交接班制度。

第四节　风动卸砟车间职责

1. 风动卸砟车间为段石砟漏斗车的使用单位，全面负责石砟漏斗车的日常管理、使用、维护、检修、防火、防盗、防破坏等工作。

2. 贯彻执行石砟漏斗车各项技术规章、管理制度，及时向段主管科室反馈石砟漏斗车在运用中存在的问题，并做好统计、分析工作。

3. 建立石砟漏斗车设备台账，实时对石砟漏斗车设备台账进行更新，对车辆每日停靠的车站、位置准确掌握，确保车辆的数量及各项信息准确有效。做好设备运用、检修情况，按时填写各种报表及相关信息材料，做好统计和分析工作。送修车辆在扣车、回送完成后，及时将车号提供设备科、段指挥中心，便于及时销号。

4. 配齐石砟漏斗车作业人员必备的防护用品及工具。

5. 负责按照上级下达的生产计划，完成卸砟作业及安全管理工作。

6. 负责石砟漏斗车走行制动系统日常检查、卸砟装置日常保养和每月定期检查保养工作，及时处置各类设备故障及安全隐患，做好入冬前防寒整备等检查保养工作。

7. 协助上级部门做好石砟漏斗车故障、事故调查、分析、处理、上报和记录工作。

8. 负责石砟漏斗车从业人员的日常管理、业务学习、技能培训和安全教育工作，进行从业人员业务技术的考试考核工作。

9. 负责石砟漏斗车的配件、油脂、油料管理，及时提报配件、油脂、油料计划，掌握配件储存情况，做好修旧利废和成本控制。

10. 每月定期进行石砟漏斗车设备检查，将达到送修条件的车辆，按照要求进行送修，保证设备完好技术状态。

11. 掌握石砟漏斗车的日常运用动态、技术状态和安全信息等情况，做好运用统计、分析工作，更新"石砟漏斗车管理台账"(附件 1)，按时填报"石砟漏斗车运用日志"(附件 2)。

12. 负责配合经营开发室完成外委运、卸砟项目验工计价。做好卸砟方量的签认记录，每季度末月 20 日前向经营开发室提报供应公司卸砟方量统计表，其他外委运、卸砟项目在合同完成后 10 日内提报卸砟方量统计表。

13. 参与新配属石砟漏斗车及厂修验收、接车工作，负责途中押运、看守。

14. 严格执行作业标准，合理使用石砟漏斗车。

第五节　石砟漏斗车班组职责

1. 学习、掌握、落实石砟漏斗车管理的规章制度，负责石砟漏斗车的使用、维护、检修、防火、防盗、防破坏等工作。

2. 及时向车间管理人员反馈石砟漏斗车在运用中存在的问题，并做好统计。

3. 负责实施石砟漏斗车日常保养和定期保养等检查保养工作。

4. 负责检查石砟漏斗车的技术状态、使用动态、安全状况，存在问题及时处理并向车间管理人员反馈解决。

5. 负责石砟漏斗车基础资料、报表的填写和收集工作，并按时向车间管理人员上报设备管理的各种报表，保管好石砟漏斗车技术资料。

6. 参与石砟漏斗车故障、事故的调查分析。

7. 参与新配属石砟漏斗车及厂修、段修石砟漏斗车验收、监督、接车工作，负责途中押运、看守。

8. 参加石砟漏斗车业务技术培训、取证。

第六节　工 长 职 责

一、工作安排与调度

1. 负责卸砟漏斗车作业的整体规划和安排，根据工程进度和任务要求，制订合理的工作计划和作业流程。

2. 合理调配人员和设备资源，确保卸砟工作高效、有序进行。应充分考虑人员的技能水平和工作负荷，以及设备的运行状况和维护需求。

3. 与相关部门和单位保持密切沟通，协调卸砟作业与其他施工环节的衔接，避免出现工作冲突和延误。

二、设备管理与维护

1. 对卸砟漏斗车等设备进行全面管理，建立设备台账，掌握设备的运行状态和维护需求。

2. 制订设备维护计划，组织人员定期对设备进行检查、保养和维修，确保设备性能良好、安全可靠。

3. 负责设备配件的采购和管理，确保设备维修所需的配件及时供应。

4. 对设备操作人员进行培训和指导，提高他们的设备操作技能和维护意识。

三、安全管理

1. 严格执行安全操作规程，确保卸砟作业过程中的人员和设备安全。

2. 组织开展安全教育培训活动，提高员工的安全意识和自我保护能力。

3. 对作业现场进行安全检查，及时发现和消除安全隐患，防止安全事故的发生。

4. 制定应急预案，在发生安全事故时，能够迅速组织救援和处理，减少事故损失。

四、质量管理

1. 严格控制卸砟质量，确保卸砟量准确、均匀，符合工程要求。

2. 对卸砟作业过程进行监督和检查，及时发现和纠正质量问题。

3. 与质量检测部门保持密切沟通，配合做好质量检测工作，确保卸砟质量符合标准。

五、人员管理

1. 负责卸砟漏斗车作业班组的人员管理，包括人员招聘、培训、考核和激励等工作。

2. 建立健全班组管理制度，明确员工的工作职责和工作标准，提高班组的工作效率和管理水平。

3. 关心员工的工作和生活，及时解决员工的困难和问题，增强员工的凝聚力和归属感。

六、其他职责

1. 完成上级领导交办的其他工作任务。

2. 负责收集、整理和上报卸砟漏斗车作业的相关数据和信息，为领导决策提供参考依据。

第七节　副工长职责

一、协助工长工作

1. 积极配合工长进行卸砟漏斗车作业的管理和指挥，确保各项工作顺利进行。

2. 在工长不在岗时，代理工长履行职责，维持作业现场的正常秩序。

二、作业安排与执行

1. 协助工长制订卸砟作业计划,合理安排人员和设备,提高作业效率。

2. 带领作业人员严格按照操作规程进行卸砟作业,确保作业安全和质量。

3. 对作业过程进行监督和检查,及时发现并纠正违规操作和质量问题。

三、设备管理

1. 协助工长做好卸砟漏斗车等设备的日常管理和维护工作。

2. 负责设备的日常检查和保养,确保设备处于良好的运行状态。

3. 对设备故障及时进行报修,并配合维修人员进行维修工作。

四、安全管理

1. 严格执行安全规章制度,确保作业人员的人身安全和设备安全。

2. 对作业现场进行安全巡查,及时发现和消除安全隐患。

3. 组织作业人员进行安全培训和应急演练,提高安全意识和应急处置能力。

五、人员管理

1. 协助工长对作业人员进行管理和考核,激励员工提高工作积极性和责任心。

2. 关心员工的工作和生活情况,及时解决员工的困难和问题。

3. 配合工长做好团队建设工作,增强团队的凝聚力和战斗力。

六、沟通协调

1. 与其他部门和单位保持良好的沟通和协调,确保卸砟作业与其他工作环节的顺利衔接。

2. 及时向工长汇报工作进展情况和存在的问题,提出合理的建议和解决方案。

七、其他工作

1. 完成上级领导交办的其他工作任务。

2. 积极参与各项业务培训和学习活动,不断提高自身的业务水平和综合素质。

第八节　卸砟工职责

1. 在卸砟工长的领导下,负责石砟漏斗车的具体操作和人身及行车安全工作。

2. 上车前,应检查所携带的对讲机、手信号及工具是否齐备良好,车顶边上和操纵室顶上的石砟应清扫干净,防止运行中伤人。下车前，检查自己所负责的车的所有卸砟作业键、销有无脱落，风动操纵装置是否良好、检修门扣是否松动等，发现问题及时处理和汇报。

3. 施工作业前，卸砟人员要按规定认真检查石砟车风动管路、杆件传动系统等设备性能是否良好，发现问题及时处理。

4. 卸砟前，卸砟人员应对预卸砟施工地段进行调查，掌握卸砟量，做好记录，并对预卸砟地段标识。

5. 卸砟时，与卸砟负责人随时保持联系，按规定严格控制好列车运行速度、开门幅度和卸砟量，发现问题及时汇报。

6. 参与卸砟的作业人员应掌握石砟车开门幅度，严格控制卸砟量；同时，卸砟必须控制在列车运行速度 8～15 km/h 范围内进行，不允许停车卸砟，防止石砟超限；更不允许单边卸砟，防止车辆偏载。

7. 卸砟完毕，卸砟人员应及时关闭石砟车操作阀门及操作室门窗，检查车辆内是否有剩砟，车辆内石砟未卸完时，做好防偏载工作。

第四章　石砟漏斗车作业标准

石砟漏斗车作业标准包括石砟漏斗车装车作业标准、车辆监装检查作业标准、卸砟作业标准。

第一节　装车作业标准

1. 用砟单位需要石砟漏斗车运输石砟时，应进行现场调查，精确计算石砟使用数量，并向工务机械段提报石砟运输申请。

2. 用砟单位应提前与石砟供应商取得联系，掌握石砟库存和生产能力，结合石砟漏斗车运用计划，拟定石砟漏斗车的装车和运输建议计划，报工务部审批后提报运输计划，并联系石砟供应商做好准备，待车辆到位后及时组织装车。

3. 装车前，风动卸砟车间应安排胜任人员对石砟漏斗车进行全面检查、试验机构动作，彻底清理车厢内的积土、泥沙、积雪及冰块等杂物，确认操作室门、窗和卸砟底门关闭良好，确认车辆符合装车条件后，填写“石砟漏斗车技术状态检查确认单”(附件 3)，填写完毕交装车单位后，方可组织装车。

4. 装车时，严禁将树枝、草袋(编织袋)、泥沙、积雪、冰块、直径大于 100 mm 的石块、砟堆底部积土等可能影响石砟质量或卸砟底门开闭的杂物装入车内。

5. 装载非水洗石砟时：现场环境温度在 0 ℃以上时，宜浇水抑尘；现场环境温度在 0 ℃及以下时，不得浇水，且装车人员应注意清理石砟堆上的积雪，不得将冰、雪、水装入车内，避免石砟凝冻堵塞卸砟底门。

6. 装车过程中要注意保护车辆，装车机械不得挤、碰、磕车辆，无关人员不得进入操作室。装卸砟时，须停电作业（棚车、冷藏车、双层运输汽车专用车装卸作业，施工维修单位卸风动石砟车、长钢轨车可不停电）。任何情况下，装卸砟人员、工具、货物及其他物件不得侵入距接触网导线等牵引供电设备带电部分 2 000 mm 的范围内。停电进行装卸作业时，任何物件均不得直接触及接触网设备。

7. 施工维修单位从敞车侧开门、下侧门处卸砟，进行平车人力装卸道砟、轨枕、钢轨、料具时，在能保证人员、工具及其他物件距接触网导线等牵引供电设备带电部分保持 2 000 mm以上安全距离的情况下，可不停电作业（设有隔离开关的货物线除外）。施工维修单位作业前应制定安全保障措施，对作业人员进行安全教育，作业中加强检查。

8. 设有隔离开关的线路，需停电进行装卸作业或在机车车顶进行作业时，必须在安全作业标内方并确认停电后进行。作业完毕负责停送电人员应确认所有人员撤至安全区域后，方准向接触网送电。

9. 装车后，装车单位应整平车厢内顶砟面，不得高于车帮；清除散落在车辆端墙和侧墙顶面、操作室顶部平台、闸台、车钩等部位的石砟；清除散落在线路上的石砟，残留石砟不得侵入建筑限界，也不得超过路料堆放限界。

10. 装车完毕后，装车单位、风动卸砟车间安排胜任人员和货运单位共同逐车检查确认，确保车辆不超载、不偏载、不偏重，残杂物清理到位，操作室门、窗和卸砟底门关闭良好，满足列车运行条件，并填写“石砟漏斗车装载检查确认单”（附件4）。

11. 装车时风动卸砟车间安排胜任人员现场监督，装车石砟不得混入碎砟、粉尘及杂物；核对电子计重装置计数，保证每辆车装载重量达标。

第二节　车辆监装检查作业标准

一、准备工作

接到供砟单位（采石场调度）装车计划后及时携带工具赶往石砟漏斗车达到车站或专用线对车辆进行装车前检查。

二、检查范围

1. 车辆监装检查工作由值班人员检查，按照调度或卸砟反馈的情况及时处理车辆存在的安全隐患、故障，处理不了的按照扣车程序及时向车间调度报告采取扣车措施，检查内容包括：

（1）车辆左、右溜砟底门是否处于关闭；

（2）主截断塞门是否处于关闭位置；

（3）左、右截断塞门是否处于关闭位置；

（4）左、右操作手柄是否放置于手动位置；

（5）左、右离合是否闭合；

（6）左、右活塞螺栓、底座螺栓有无脱落；

(7)左、右瞭望窗是否正常；

(8)左、右车辆窗户、观察孔是否关闭到位；

(9)左、右车门是否锁闭。

2. 车辆检查人员严格按照《石砟漏斗车监装检查单》填写车辆检查情况。

三、监装检查

宿营车值班人员或驻地车辆检查人员要对装车过程进行监督，防止超大石块、冰块和影响卸砟的杂物等装入车内。严格按照“三不装”规定执行，“三不装”即：车辆未经检查不装，车辆有故障不装，车辆溜砟底门不严不装。

四、装车完毕后

由值班员督促装车单位平车作业人员对所装车辆逐车进行检查，清扫车辆顶部、连接处、走行部位等处散落的石料和杂物。

第三节　卸砟作业标准

一、普速铁路的严禁卸砟地点

普速铁路在下列地点严禁卸砟，特殊情况须由施工（维修）单位制定有针对性的安全措施，报铁路局集团公司审批。

1. 无底砟的新线或有底砟但未经压道试验的线路。

2. 站台处靠站台一侧。

3. 区间线路的道床积雪覆盖超过轨面处所。

4. 线路两侧有大量堆积物地段。

5. 双线区间，两线不在同一高度时，向高处线路卸砟有可能侵入低处线路建筑限界的地段。

6. 邻线来车时，靠邻线的一侧。

二、高速铁路的严禁卸砟地点

高速铁路在下列地点严禁卸砟，特殊情况须由施工单位制定有针对性的安全措施，经铁路局集团公司审批。

1. 有可能损坏线桥、信号、供电、超偏载和限界检查仪、车辆运行安全监测设备处所。

2. 站台处靠站台一侧。

3. 区间线路的道床有积雪覆盖超过轨面处所。

4. V形天窗地段，卸砟有可能侵入邻线限界的地段。

5. 邻线来车时，靠邻线的一侧。

三、卸砟准备

1. 石砟漏斗车卸砟作业按路用列车办理，应纳入施工或维修天窗，施工主体单位在提报施工计划时应予以明确；遇防洪抢险或其他应急处置需天窗点外卸砟作业时，由调度部门根据工务设备管理单位的申请及时安排。

2. 由用砟单位安排胜任人员担任施工负责人统一指挥卸砟作业，指派熟悉本次卸砟区段线路状况的人员担任领车人，风动卸砟车间须安排胜任人员担任卸砟负责人。

3. 施工主体应填写《石砟漏斗车卸砟作业交接单》(附件5)，明确卸砟里程、卸砟数量、禁卸地段、防护设置、安全措施等事项。石砟漏斗车到达施工登记站后，施工主体安排专人交给卸砟负责人。

4. 卸砟负责人应组织召开施工预想会，根据《石砟漏斗车卸砟作业交接单》和施工负责人的其他要求，向参加本次作业的卸砟作业人员进行技术和安全交底，做好班前教育，严明作业纪律，确保每一名作业人员熟知作业安全关键项点。

5. 施工主体单位应提前调查线路，对石砟堆积点进行匀砟平道；在卸砟地段、禁卸地段的起终点设置明显标志，并安排专人现场防护；在卸砟地段内的道口、人行道、铁路上跨立交桥等处所设置防护，防止卸砟时石砟飞溅伤及人员、车辆。

6. 施工负责人在确定卸砟区段满足石砟漏斗车作业条件后，方可通知卸砟负责人准备卸砟。

7. 卸砟负责人应组织卸砟作业人员检查车辆和卸砟装置技术状态；卸砟人员进入各自的操作室，检查各手柄处于正确位置，打开阀门，系统压力达到 0.42 MPa 后，由机车牵引卸砟时运行速度应控制在 8～15 km/h，重型轨道车牵引卸砟时运行速度应控制在 3～10 km/h（清筛作业时清筛车后同步卸砟除外），报告卸砟负责人准备妥当，可以卸砟作业。

8. 天气寒冷时，卸砟负责人还应检查石砟凝冻情况，禁止安排石砟凝冻的车辆进行卸砟作业，卸砟作业人员严禁使用抑尘系统，并彻底排净水箱中的水。

9. 合理配置卸砟作业人员：原则上每两车安排一人，人员不足时，应分次卸砟；遇有石砟可能凝冻结块情况下卸砟时，必须双人卸砟，严防石砟堆积侵限。

四、卸砟作业

1. 卸砟作业时，领车人和卸砟负责人同时登乘机车，卸砟负责人根据施工负责人的要求，统一负责指挥卸砟，应向司机说明具体卸砟地段、卸砟作业速度、接触网分相位置、卸砟量及禁卸地段；另一人添乘石砟漏斗车尾部监控卸砟作业，若发现侵限处所，应通知清道人员及时处理。

2. 卸砟负责人按照施工负责人的要求，通过对讲机及手信号等方式，根据线路两侧的障碍物及禁卸处所及时指挥卸砟人员停止卸砟。

3. 到达卸砟地点后，卸砟作业人员应打开操作室门、窗，拴好侧门防护链，以防发生人身伤害。按照由前至后的卸砟顺序，按工长卸砟指令，在车辆到达作业地点后，手握操作手柄，将头伸出窗外传递卸砟命令信息，在指定地点开启两侧溜砟底门卸砟，并执行以下操作：

(1)不间断瞭望前方有无禁卸处所；

(2)不间断观察两侧砟流量是否一致；

(3)留意是否存在偏载和侵限隐患；

(4)查看操作室内风缸、传动系统是否正常。

4. 卸砟地段位于长大坡道线路时，列车牵引方向宜为上坡方向。

5. 在线间距不足 6.5 m 地段卸砟时，邻线列车运行速度应在 160 km/h 及以下，施工主体单位按规定设置防护，并在提报施工计划时，提出邻线列车的运行限速条件。

6. 卸砟作业顺序应由机后向列尾方向逐车卸空，不得推进运行，不得紧急停车或退行，列车运行速度控制在 8～

15 km/h；遇隧道、桥梁、小半径曲线、障碍物、尽头线、牵出线等特殊地段卸砟时，施工主体单位应根据现场实际制定安全保障措施，适当降低列车运行时速。

7. 卸砟时遇特殊情况紧急停车时，施工负责人应组织人员逐车检查确认清道情况、处理侵限石砟，确认不影响车辆运行后，方可继续作业。

8. 卸砟作业人员应根据线路两侧石砟需求量，掌握好底门开度，合理控制卸砟流量，严禁单侧卸砟；卸砟发现一侧底门不能打开时，应立即关闭另一侧底门，停止对该车卸砟。卸砟作业过程中严格按照以下规定操作执行。

(1)普速铁路在严禁卸砟地点卸砟，特殊情况须由施工(维修)单位制定有针对性的安全措施，报铁路局集团公司审批(工程建设线路报建管部审批)。

(2)高速铁路在严禁卸砟地点卸砟，特殊情况须由施工单位制定有针对性的安全措施，经铁路局集团公司审批。

(3)严格执行“两禁止”规定(禁止非操作人员进入操作间，禁止一人同时卸两辆及以上石砟漏斗车)；风压不足0.4 MPa时，卸砟人员应采用手动方式卸砟，严禁风动或风动手动卸砟并用，以免损伤设备。

9. 小半径曲线两侧须均匀卸砟，卸砟负责人必须盯控卸砟情况，加强曲线地段瞭望，卸砟作业人员应注意卸砟状态，防止车辆偏载和线路上股一侧石砟侵限。

10. 需换车作业时，应由卸砟负责人统一指挥，待列车停稳后，作业人员在封锁本线一侧路肩上下车；遇多线地段，应先设置防护，换车作业应避开桥梁和隧道地段，确保人身安全；严禁作业人员“飞”乘“飞”降。

11. 夜间、隧道内卸砟时，应保证充足照明。

12. 开中间底门卸砟，还应遵守以下规定：

(1)装车前应检查车辆中间底门操作系统、传动系统，确认状态良好。

(2)卸砟时风压不得低于0.4 MPa，列车应平稳运行，速度不得超过10 km/h。

(3)严禁在夜间、高铁、桥梁、隧道、道岔及半径小于300 m的曲线地段开中间底门。

(4)开启中间底门卸砟时，本车的左、右侧底门都必须关闭。

(5)施工主体单位应安排专人指挥中间底门卸砟，指挥人员与卸砟负责人保持密切联系。指挥人员根据卸砟速度、石砟流量情况，通过卸砟负责人指挥作业人员控制中间底门砟量，发现石砟侵限时，及时通知卸砟作业人员关闭中间底门，再通知登乘机车人员停车，处理完侵限石砟、确认不影响列车运行后，方可继续作业。

13. 卸砟过程中卸砟人员发现车辆一侧车门不能正常打开时，应立即停止该车卸砟并进行处置，发现危及行车安全的情况不得继续作业，待列车返回站内后及时检修处理。

14. 本车卸完后，通过观察孔检查漏斗仓内是否有余砟、杂物，确认道砟卸完、无余砟后，向工长报告"车内无余砟"，并执行以下操作：

(1)操作手柄调整到关位，关闭溜砟底门；

(2)将操作手柄调整至手动位置；

(3)关闭操作手柄下左右截断塞门；

(4)合上离合器，并拧紧手轮；

(5)关闭主截断塞门。

15. 遇有大雪降温天气时，卸砟负责人请求施工负责人提前与车站值班员或列车调度员联系，协调当天尽快卸空石砟漏斗车，以防石砟冻结在车内。

16. 遇恶劣天气必须卸砟时，卸砟负责人请求施工负责人提前安排，保证充足的作业时间和清道人员。

17. 最后一辆车卸完后，卸砟人员应报告卸砟负责人整列卸砟完毕；卸砟负责人确认后，通知领车人，列车恢复正常运行速度。

18. 施工主体单位安排专人负责石砟漏斗车作业后的线路清道工作。

19. 卸砟作业时应参照“石砟漏斗车运行速度与卸砟量换算表”(附件6)。

20. 卸砟工作使用执法记录仪全程摄像并存档，上报车间及段设备科留存备查。

五、卸后作业

1. 卸砟完毕后，作业人员应关闭操作室门、窗和卸砟底门，归位各操作手柄，排空水箱中的水后关闭塞门，检查完毕后及时向卸砟负责人汇报；卸砟负责人通知领车人，要求司机停车进行人员换车或列车正常运行到前方站停车。

2. 卸砟作业应以卸空为原则，在电气化区段未停电作业时，遇特殊原因未能卸空，列车应限速15 km/h运行至前方站，到站后施工主体单位临时要点就近卸空或安排人员整平石砟，消除偏载、偏重；电气化区段整平作业应先停电后处理。

3. 到达前方站后，卸砟负责人应组织卸砟作业人员全面检查石砟漏斗车，清除车内堆积物，检查各手柄归位，清扫操作室并锁好门窗。

4. 施工负责人应及时安排地面作业人员清道，处理侵限处所，确认线路达到放行列车条件后，方可申请开通线路；施工主体单位应积极推广使用便捷可靠的限界检查装置，提高限界检查的质量和效率。

5. 卸砟完毕后，操作人员需通过观察窗对每节车进行检查，确认石砟全部卸空，防止出现偏重问题，并使用执法记录仪或其他拍摄记录设备从观察窗进行拍照、录制，每趟/次完成后进行反馈。

六、轨道车牵引卸砟

1. 卸砟过程中，底门不溜砟时，卸砟人员将左右手柄阀放置开门位，通过观察窗确认车厢内无余砟后，关闭左右手柄阀，关闭一、三、七号截断塞门。

2. 卸砟结束后，卸砟负责人在施工封锁区间组织卸砟人员对所有石砟车卸空情况通过观察窗进行拍照（拍照包含车号），并将照片传车间微信或钉钉群，由车间负责卸砟的副主任确认后，方可返回站内；天窗结束后，车间负责卸砟的副主任及时将照片上传段清筛管理钉钉群，由段线路科主管清筛的工程师确认符合挂运条件后，报段指挥中心调度，段调度通知车间，石砟车允许挂运。

七、机车牵引卸砟

1. 卸砟过程中，底门不溜砟时，卸砟人员将左右手柄阀放置开门位，通过观察窗确认车厢内无余砟后，关闭左右手柄阀、关闭一、三、七号截断塞门。

2. 卸砟结束后，卸砟负责人在站内组织卸砟人员对所有石砟车卸空情况通过观察窗进行拍照(拍照包含车号)，并将照片传车间微信或钉钉群，由车间负责卸砟的主任(副主任)确认符合挂运条件后，报段指挥中心调度备案，方可开车。

八、对外营业线、工程线卸砟管理

1. 风动卸砟车间应派人员随车，进行卸砟工作。

2. 卸砟作业人员须有工作经验且能处理突发情况。

3. 未经安全教育及专门培训的人员不允许参加卸砟作业。

4. 当车辆出现故障无法卸砟时，应立即报告卸砟负责人，由卸砟负责人报告用砟单位，进行停车处理，严禁瞒报、不报、漏报。

5. 车辆在工程线上出现脱线、掉道时，卸砟负责人应立即通知生产调度指挥中心和车站值班员，由车辆部门进行鉴别，然后协调处理。

6. 发现车辆未卸空或有可能出现偏载时，卸砟负责人应立即通知生产调度指挥中心和车站值班员，请求安排处理，在车辆未处理之前，严禁车辆运行。

第五章　石砟漏斗车维护保养

石砟漏斗车维护保养主要包括对风动系统零部件的检查，传动系统的定期保养以及石砟漏斗车的日常保养。

第一节　石砟漏斗车风动系统检查

1. 班前进行分工、安全教育及健康问询，检查作业人员劳动防护用品佩戴和使用情况。

2. 设置好现场防护人员，现场防护人员应站立于安全处所，必要时安排驻站联络员。

3. 检查石砟漏斗车双向风缸是否漏风(连挂机车时适用)。

4. 检查判断风动系统失灵原因(连挂机车时适用)。

(1)作业前穿好工作服、防滑鞋，戴好工作帽、手套等防护用品。

(2)带齐有关检修工具和材料。

(3)机车送风，使风压达到 0.42 MPa。

(4)打开主截断塞门。

(5)检查风压表是否正常。

(6)打开手柄下的截断塞门。

(7)进入操纵室检查下列风动操作设备：

①检查传动部分键销螺栓是否松动；

②检查操作风管路风缸是否漏风；

③检查左右塞门是否漏风；

④检查活塞杆有无松动；

⑤检查离合器分合是否良好；

⑥检查上下曲拐头与轴嵌合之键、销有无脱落；

⑦检查储风缸是否处于关闭状态；

⑧检查风动元部件是否缺损；

⑨检查传动部分是否润滑。

(8)检查操纵阀手柄能否处于中立位置。

(9)发现问题及时处理、更换或检修。

(10)检查完毕后，按规定程序重新操作一遍，使风动系统达到正常状态。

5. 石砟漏斗车风动系统零部件紧固。

(1)作业前穿好工作服、防滑鞋，戴好工作帽、手套等防护用品。

(2)设置好铁鞋，两端各安排一名防护员。

(3)作业人员带上工具、备品进入操作室。

(4)关闭主截断塞门，将双向风缸内余风排净。

(5)关闭截断塞门，将操纵手柄置于手动位置。

(6)用扳手将左侧启动风缸底座螺栓紧固一遍，加注润滑油。

(7)用扳手将右侧启动风缸底座螺栓紧固一遍，加注润滑油。

(8)作业人员带上工具、备品下车，确认无遗漏，锁闭操作室门窗。

(9)作业后清点工具、材料及备品，整理所带信号备品和工具材料，并放回原位摆放整齐。

（10）撤除防溜铁鞋及防护。

第二节　石砟漏斗车的保养

石砟漏斗车的保养是顺利完成卸砟作业的前提条件，主要包括石砟漏斗车传动系统保养和石砟漏斗车日常保养。

一、石砟漏斗车传动系统的定期保养

1. 作业前穿好工作服、防滑鞋，戴好工作帽、口罩、手套等防护用品。

2. 设置好防溜铁鞋，两端各设一名防护员。

3. 将上传动轴表面的油污清除干净，加注黄油。

4. 将下传动轴表面的油污清除干净，加注黄油。

5. 将边门上传动轴表面的油污清除干净，加注黄油。

6. 将边门下传动轴表面的油污清除干净，加注黄油。

7. 将离合器齿轮部分油污清除干净，加注黄油。

8. 检查传动部分是否作用良好。

9. 作业后清点工具、材料及备品，整理所带信号备品和工具材料，并放回原位摆放整齐。

10. 撤除防溜铁鞋及防护。

二、石砟漏斗车日常保养

1. 作业前穿好工作服、防滑鞋，戴好工作帽、口罩、手套等防护用品。

2. 设置好防溜铁鞋，两端各设一名防护员。

3. 在电气化区段作业时，应先停电，并设置好接地线后，

方可开始作业。

4. 将左、中、右侧风缸上面的灰尘扫除干净，如有油垢，应使用扁铲铲掉、刷洗干净。

5. 将操纵室地面清扫干净，将门窗锁闭。

6. 将操纵室顶面上残留的石砟清扫干净。

7. 将风动车通过台上的垃圾及散落的石砟清扫干净。

8. 将操纵室门窗锁好。

9. 作业后清点工具、材料及备品，整理所带信号备品和工具材料，并放回原位摆放整齐。

10. 撤除防溜铁鞋及防护。

第六章　石砟漏斗车卸砟作业流程

石砟漏斗车主要作业项目分为风动卸砟作业、手动卸砟作业、监装作业、漏砟处置作业，本章以流程图的形式对各项作业流程进行描述。

第一节　风动卸砟作业流程

风动卸砟作业流程如图 6-1 所示。

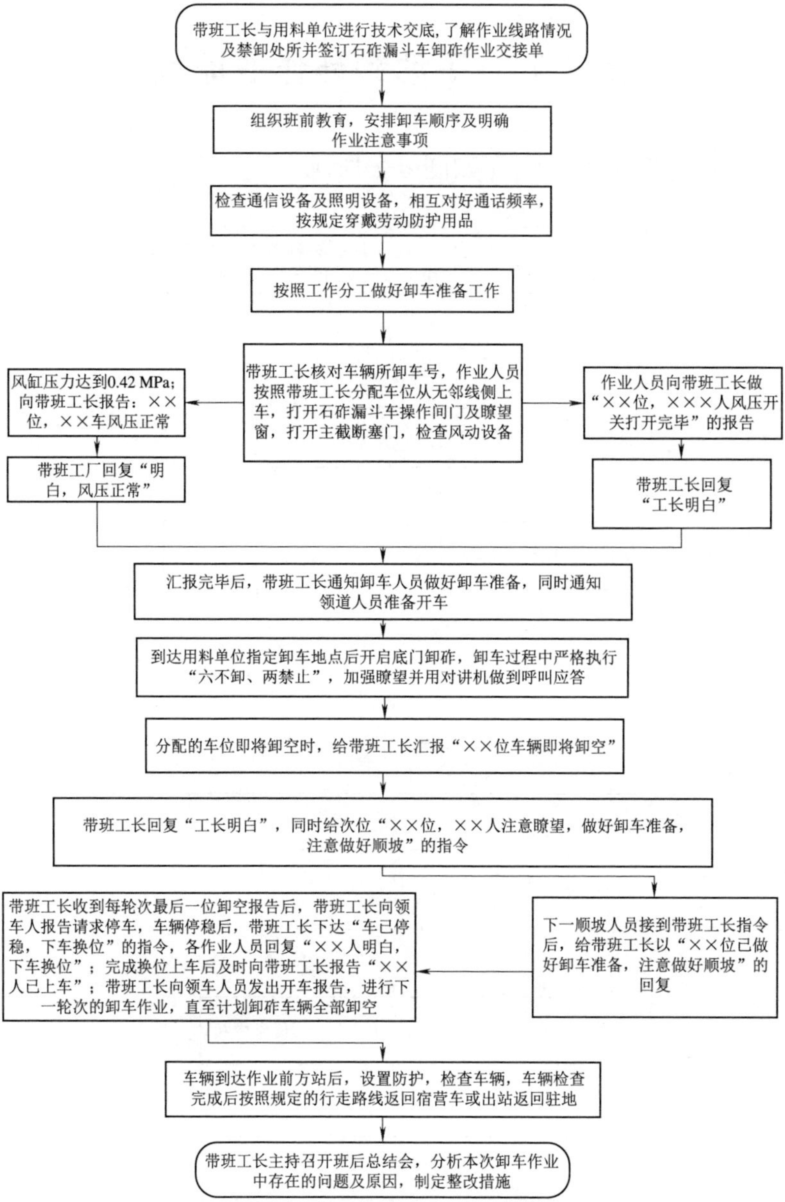

图 6-1　风动卸砟作业流程

第二节　手动卸砟作业流程

手动卸砟作业流程如图 6-2 所示。

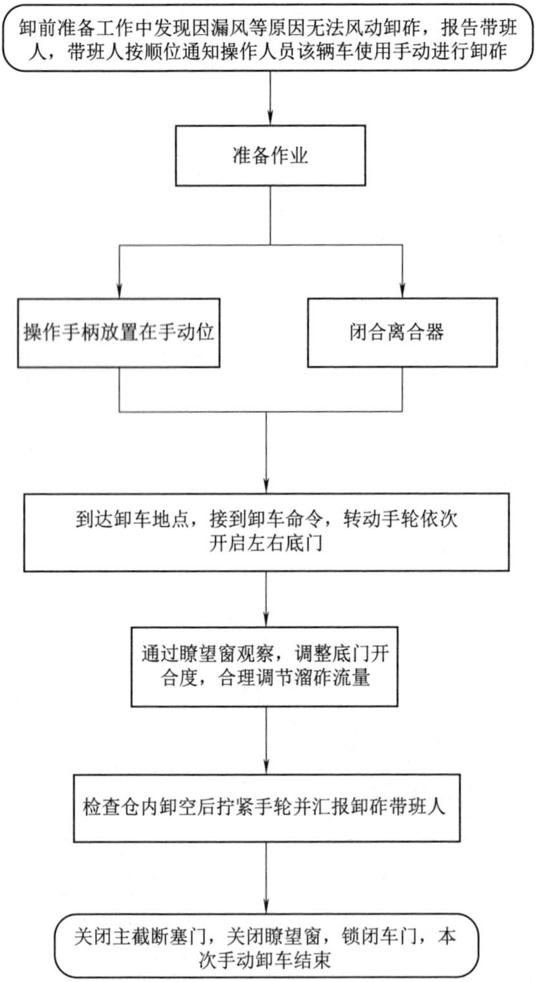

图 6-2　手动卸砟作业流程

第三节　监装作业流程

监装作业流程如图 6-3 所示。

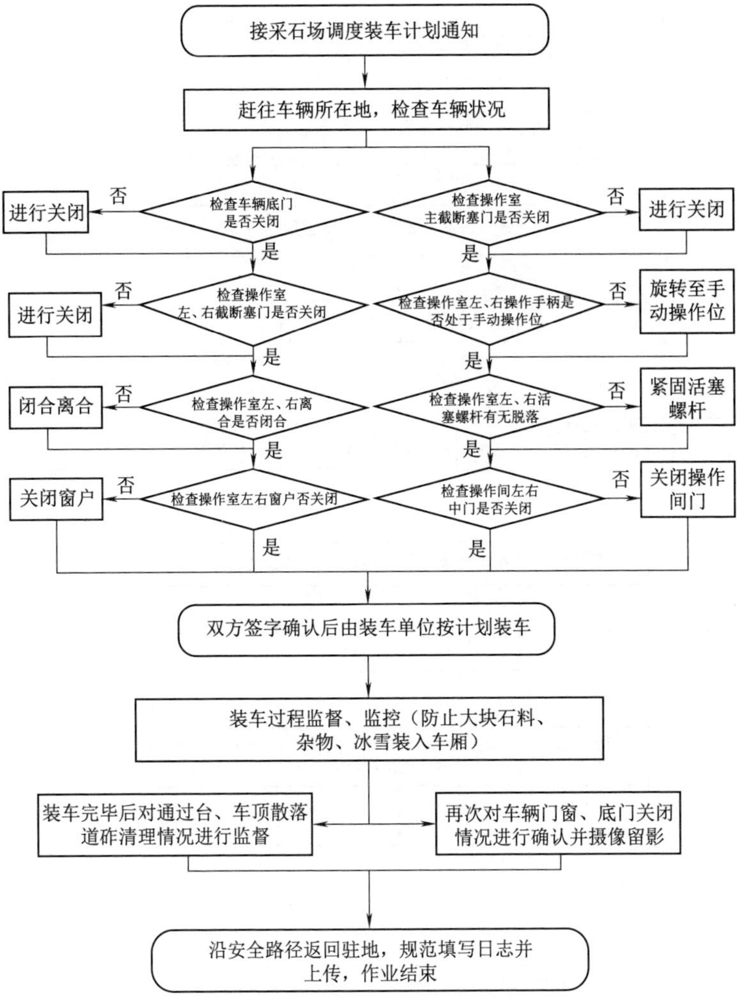

图 6-3　监装作业流程

第四节　漏砟处置作业流程

漏砟处置作业流程如图 6-4 所示。

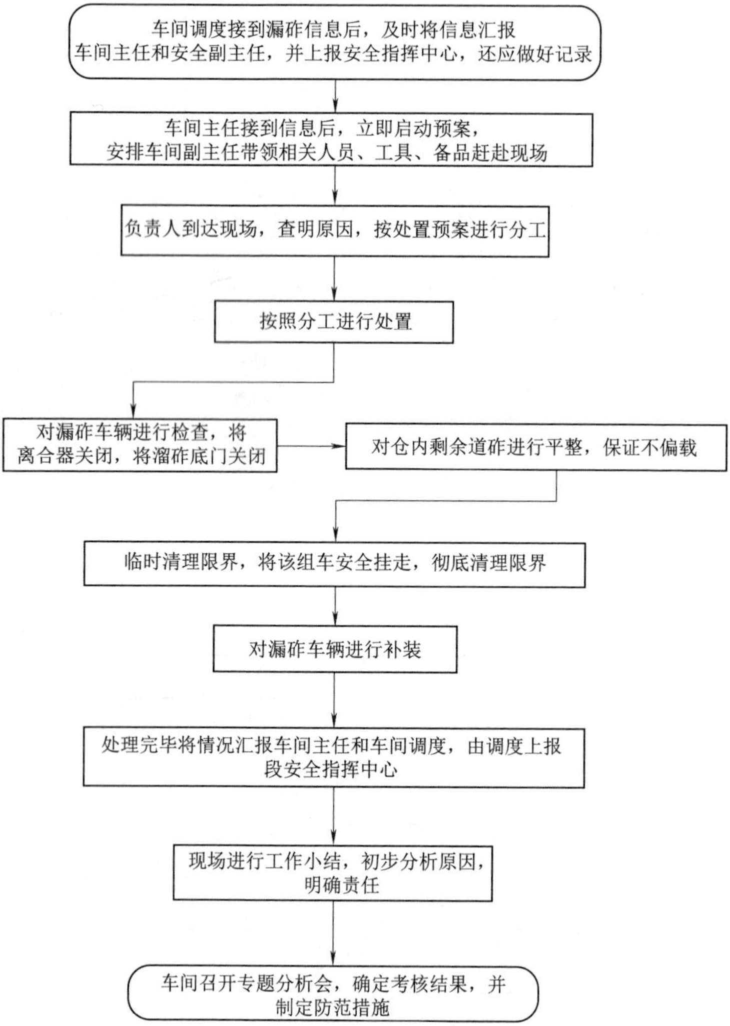

图 6-4　漏砟处置作业流程

第七章　石砟漏斗车卸砟作业安全及规定

石砟漏斗车卸砟作业安全及程序主要从卸砟作业人身安全、卸砟作业行车安全、卸砟作业前注意事项和工作流程、卸砟作业规定及程序等方面进行阐述。

第一节　卸砟作业人身安全

1. 班前要充分休息，班前 10 h 内不得饮酒。

2. 作业中严禁吸烟和接听、拨打手机。

3. 卸砟作业人员在使用及维护石砟漏斗车时，必须正确使用、佩戴劳动保护用品。

4. 卸砟作业人员不得侵入未封锁的线路和邻线两线间检查、保养作业；遇特殊情况，应按规定设置防护。

5. 在区间行走或步行上下班时，应在路肩或路旁行走；在双线区间，应面向来车方向走行；通过桥梁、道口或横越线路时，应做到“手比、眼看、口呼”，做到“一停、二看、三通过”，严禁来车时抢越。

6. 在站内如必须走道心时，应在其前后设置专人防护，并严禁脚踏尖轨与基本轨的间隔处，严禁脚踏道岔连接杆、尖轨及轨面等。进路信号辨认不清时，应及时下道避车，不得臆测行车。

7. 横越停有机车车辆的线路时，必须确认机车、车辆暂不移动，在距机车、车辆 5 m 以外绕行通过；严禁在运行中的机车、车辆前面抢越线路。

8. 石砟漏斗车运行时，卸砟作业人员应站稳扶好，不得将身体探出车外。

9. 在电气化区段作业前，作业人员应学习和掌握电气化区段作业安全常识；严禁用水流冲洗车；严禁在接触网未停电或停电但未接地的情况下登上车顶进行任何作业，作业人员和所携带物件、工具的任何部位距离接触网带电部分不得小于 2 m。

10. 上车进入操纵室后应立即放好安全防护栅栏或铁链，并戴好口罩。卸砟前应提前将侧窗打开，供卸砟时观察路面道砟情况和观察信号，卸砟作业过程中禁止站在操作间门口进行瞭望，禁止在无扶手的平台、端、边站立，以防列车突然运行或停车将人甩出车外。

11. 严禁在车上探身接递物品和列车运行中跳车、爬车、钻车或在车底下、车钩上接递物品；严禁在石砟漏斗车两端车钩连接处上下车；严禁在线间距小于 6.5 m 处行走、邻线或线间换车；严禁使用手扒、脚踢的方式清理超限石砟。

12. 对散落在车顶边上和操纵室顶上的石砟应清扫干净，防止运行中伤人。

13. 在车下行走时应远离运行中的风动车；走在路肩上时，避免踩踏松散石砟滑倒或碰撞车辆。

14. 卸砟部门对卸砟作业环境中的职业病危害因素（粉尘、噪声等）进行监测，作业点职业病危害因素超标的，须采取职业病防护措施；卸砟作业人员应定期进行职业病危害健康检查，对受到损害的作业人员应及时调离工作岗位。

15. 夜间卸砟必须有充足的照明。

第二节　卸砟作业行车安全

1. 成组石砟漏斗车在站停和备用时，两端应有移动停车信号防护。

2. 石砟漏斗车涂有“不得通过机械化驼峰”标记的，严禁通过机械化驼峰。

3. 在石砟漏斗车运行途中应密切监视是否漏砟，发现异常情况，应立即用对讲机与司机取得联系，以便采取应急处理措施。发现车辆有重大故障，影响列车安全运行时，应立即向工长或车间主任反映，并向车站和车辆部门汇报，要求摘车处理。

4. 列车在区间内卸砟时，禁止将车辆摘解分卸。在双线、多线区间卸砟，有危及邻线列车运行安全可能时，卸砟负责人应与驻站联络员或车站值班员联系，采取有效的安全措施后方准卸砟。卸下的道砟不得侵入邻线限界，邻线有列车开来时，应停止向邻线一侧卸砟。

5. 由于石砟漏斗车重心高，卸砟时不得推进运行(特殊情况下，大中修封锁施工时可推进运行，但事前必须有措施和预案)，不得突然停车或后退，以防列车脱轨。严禁单侧卸砟，以免道砟成堆和造成车辆偏载。

6. 卸砟时遇有偏载可能时，要及时调均，必要时停车整平。

7. 遇到下列情况时，严禁卸砟。

(1)夜间或隧道内照明不足。

(2)一人同时卸两节车。

8. 在下列地点卸车时，必须由施工单位制定有针对性的安全措施：

(1)道岔及道岔咽喉区。

(2)无砟桥上(长轨列车卸轨除外)。

(3)道口。

(4)有可能损坏信号、接触网设备、超偏载检测装置、轨道衡、通信、客(货)车运行安全监测设备、车号自动识别设备处所。

9. 以下地点严禁卸车，特殊情况必须由施工单位制定有针对性的安全措施，报铁路局集团公司审批：

(1)无底砟的新线、有底砟但未经压道试验的线路。

(2)站台处靠站台一侧。

(3)区间线路的道床积雪覆盖超过轨面处所。

(4)线路两侧有大量堆积物地段。

(5)双线区间，两线不在同一高度时，向高处线路卸料有可能侵入低处线路限界的地段。

(6)邻线来车时，靠邻线的一侧。

10. 卸下的道砟应距离线路钢轨头部外侧不少于 810 mm，坡度不陡于 1∶1。道心石砟高出轨面不得超过 25 mm。线间石砟高出轨面不得超过 300 mm。

第三节　卸砟作业前注意事项和工作流程

一、卸砟作业前注意事项

1. 卸砟人员须责任心强，懂机械性能，操作熟练，熟悉规章制度，经考试合格，取得岗位培训合格证。

2. 卸砟工应常备大、小扳手各一把，检车锤一把，手电筒一个。卸砟组应备有大管钳、小管钳各两把，黄油桶一个，黄油枪一个，棉纱适量，手锤两把，扁铲一把。并配备红、黄信号旗(灯)、喇叭、口罩等。

3. 卸砟作业前应在卸砟地段进行线路调查，插好标记，卸砟时做到心中有数。

4. 全列车卸砟人员，要统一由卸砟负责人指挥卸砟。多个车辆卸砟时，每个卸砟组指定一人担任组长，负责组织卸砟、开关车门、检查限界、清理道沿及做好未卸余料偏载时的整理工作和车辆放行前检查。

5. 无论昼夜，石砟漏斗车到达卸砟地段车站之前，卸砟人员就应出发做好卸砟准备。

6. 卸砟负责人应向卸砟人员说明卸砟地段的线路状况、障碍处所及石砟短缺情况，并根据卸砟地段的具体情况，编制卸砟顺序计划、布置到每一卸砟人员。

7. 卸砟前，各车辆必须充足风。每一卸砟人员应认真检查车辆风动启门设备状态是否良好，风压是否达到标准，确认良好方可卸砟。为此，在卸砟地段前方站停车技术作业时间应不少于 10 min。

8. 石砟漏斗车的操纵工作室过道门应两辆对口编列，便于卸砟人员操纵。

9. 卸砟负责人在取得调度命令后，方可通知在指定地点按规定进行卸砟作业。

二、卸砟作业前工作流程

1. 出乘前按规定着装，检查对讲机并试通话，检查防护备品及常用工具是否齐全良好等。技术状态不良时应及时更换。

2. 参加班前点名,掌握所乘车的时间、地点、车次及到达车数、车型等。卸砟负责人组织进行安全教育,并做具体分组、分工,包括卸砟起讫里程、卸砟地段有关情况、禁卸处所、信号联络方法及安全注意事项。

3. 卸砟人员将车位、车号详细做好记录,并认真落实到位。

4. 分组、分工完毕后,卸砟人员按卸砟负责人的指令登乘指定车辆。

5. 卸砟人员按分组、分工对每辆车进行认真检查。检查内容及程序如下:

(1)检查各漏斗底门处有无漏砟现象。

(2)进入操纵工作间内,检查上下曲拐、传动拉杆,查看各连接部件是否有松动脱落、手动离合器是否脱开,检查确认各操作阀位置正确。

(3)向工作风缸充风,查看有无漏风、窜风。

(4)对故障车辆的故障情况做好记录。

(5)向卸砟负责人汇报车辆状况。

6. 卸砟负责人接到卸砟人员车辆检查完毕的报告后通知司机,并对故障车决定卸或不卸,按规定正确处理。对临时应急处理的故障车,要全程监控,并在前方站要求列检扣修。

7. 到达卸砟地点,由卸砟负责人用对讲机通知卸砟人员由机尾向后按顺序车位卸砟。

第四节　卸砟作业规定

1. 操纵室不得堆积大量笨重物品，避免影响各部件正常作用。

2. 卸砟速度应按《普速铁路工务安全规则》第 2.8.4 条规定控制在 8～15 km/h，也可视现场情况降至 8 km/h 以下运行，均匀卸砟。卸砟时应尽量避免单侧卸砟。在曲线上严禁单侧卸砟，以免造成翻车事故。严禁正在开放底门进行卸砟时突然停车，以防列车脱轨。

3. 严禁车辆偏载运行。

4. 卸砟作业过程中禁止同时使用风动和手动操作卸砟。风压不足时，应使用手动装置配合操作。

5. 卸砟过程中严格执行“十不卸”“两禁止”。

6. 新建、大修线路道心严重缺砟，可打开中央底门卸砟；其他非清筛、换砟地段原则上严禁打开中央底门卸砟。确需中门卸砟时，应事前准备好大拉耙、四齿耙、信号旗等备品。同时，对中门卸砟特规定如下：

(1)因中门卸砟时车上操作人员无法观察车下卸砟情况，因此，每车必须指定一人在车下路肩观测监控和指挥卸砟工作。

(2)中门卸砟人员要严格听从地面指挥人员的指挥，缓慢开启，以避免有堆砟而碰伤转向架下交叉支撑装置。严防石砟过量和超出限界。

(3)地面指挥人员要密切监视中门卸砟情况，发现异常，立即停止，并妥善处理。

(4)使用中央底门卸砟，最后两个角上有部分余砟时，可以开启两侧底门卸掉余砟。

7. 卸砟过程中卸砟人员要适时控制操作阀开度均匀卸砟。

8. 卸砟作业过程中要同时打开两边底门，防止偏载。禁止一人同时打开两辆或多辆车底门。

9. 卸砟时，手动离合器没拉开，不得用风动设备开关底门；底门因某种原因卡住时，不得用风动，或风动、手动装置并动开关底门，以防损坏机械。遇有大块片石或杂物堵塞漏斗时，按应急预案处置。

10. 卸砟作业时应尽可能地使用对讲机联系解决卸砟中的复杂问题，也可采取表 7-1 中的信号显示方法进行联络。

表 7-1　联络信号

信号显示	视觉信号		听觉建议信号
	白天	夜间	
继续开门卸砟	手掌向下移动	灯光上下移动	— 一长声
停止开门卸砟	手掌左右急摆动	灯光左右急摆动	• • 两短声
预告障碍	手掌左右缓缓摇动	灯光左右缓缓摇动	•— 一短一长
卸砟完毕	手掌画圈	灯光画圈	——— 三长声

11. 卸砟负责人，应有两人添乘领车。一名卸砟负责人登乘机车，向司机指明具体减速地段，待卸完后通知司机恢复正常速度。另一卸砟负责人应登乘第一位石砟漏斗车操纵室，向卸砟人员指定卸砟具体地段。卸砟人员应根据卸砟地段石砟需求情况及禁卸处所，掌握卸砟速度。卸砟时必须由机尾向后按顺序卸砟。拉空补砟应由最后一辆石砟漏斗

车负责进行。

12. 第一、二位车即将卸完之前，应向第三、四位车卸砟人员传递信号。第三、四位车卸砟人员接到信号后，应以同样信号回答并按规定作业，以此类推。

13. 第一、二位车卸砟人员，在所属车辆卸完之后，应负责对列车运行前方之禁卸处所加强瞭望，并对后面各车卸砟人员传递预告停卸信号，当该地段不需卸砟时，应以同样办法向后面各车显示停卸信号。每一卸砟人员在卸砟时应加强对前方信号和禁卸处所的瞭望，正确掌握卸砟速度。

14. 最后一辆石砟漏斗车卸完之后，卸砟人员要按照分组、分工要求，首先应检查、处理自己所负责车辆的有关处所、操纵装置易损部件、卸砟情况及线路限界等，并向组长或工长汇报。组长应将检查、处理情况和所得信息向工长汇报并按规定要求显示卸完信号，工长检查、确认全列卸砟情况和车辆状态及线路状况达到正常运行要求之后，向登乘机车的用砟单位负责人显示卸完信号，卸砟负责人应通知司机恢复正常速度运行。情况不明严禁发车。

15. 列车离开区间回到车站后应再次检查、处理和确认车辆及工作装置等情况并向车间负责人汇报。

第八章　石砟漏斗车卸砟作业安全技术规程

石砟漏斗车卸砟作业安全技术规程主要从卸砟前准备、卸砟中作业、卸砟后检查、卸砟记录仪使用四个重要的作业环节进行说明，对每个环节的安全技术规程予以介绍。

第一节　卸砟前准备

1. 所有卸砟作业人员按规定佩戴劳动保护用品及信号传递设备。

2. 到达上车地点后从无邻线侧上车，依次打开操作间门及瞭望窗，进入操作间，然后进行以下准备工作：

(1)检查风动操作设备有无损坏，状态是否良好；

(2)将主截断塞门置于开通位置，并检查风管、风缸是否漏风；

(3)把离合器置于分离位置；

(4)把操作手柄放在手动位置。

3. 整列车准备工作完成后，各自按分配顺位到达待卸车辆上等候机车充风。待风压达到 0.42 MPa 后，向带班工长汇报，等待开车并做好启门准备。

第二节　卸砟中作业

1. 到达卸砟地点接到卸砟指令后，操作手柄开门卸砟，卸砟时应将头伸出窗外传递信号，并不间断瞭望前方有无禁卸处所，及时观察两侧溜砟量是否一致。

2. 卸砟作业人员应根据线路两侧石砟需求量，掌握好底门开合度，合理控制卸砟流量。卸砟发现一侧底门不能打开时，应立即关闭另一侧底门，停止对该车卸砟；风压不足 0.4 MPa时，卸砟人员应操作手动装置卸砟。

3. 卸砟过程中遇道岔及咽喉区要加强信号传递，道岔前后 25 m 范围内(即间距约为两辆车长时)要及时关闭溜砟底门，停止溜放道砟。

4. 卸砟作业过程中必须严格执行以下规定：

(1)普速铁路“十不卸”、高速铁路“五不卸”的规定。

(2)“两禁止”的规定：即禁止非操作人员进入操作间，禁止一人同时卸两辆及以上石砟漏斗车。

5. 列车运行速度超过 15 km/h 时严禁卸砟。

6. 即将卸完时，通过瞭望孔检查漏斗仓内是否有余砟、杂物，确认卸空、无余砟后，并向工长报告“××位，车辆卸空无余砟”，不得错传、误传信号。然后执行以下操作：

(1)操作手柄调整到关位，关闭溜砟门；

(2)将操作手柄调整至手动位置，排空风缸剩余空气；

(3)关闭操作手柄下左右截断塞门；

(4)合上离合器，并拧紧手轮；

(5)关闭主截断塞门；

(6)检查各截断塞门及中底门是否处于关闭状态，中底门拉杆必须复位。

7. 本轮卸空后得到带班工长发布的换位信息后，待列车停稳后方可下车进行换位。车辆运行中严禁跳车、扒车，待车辆停稳后，面向车体踩稳抓牢上下车辆，严禁从两线间上下车。迅速、安全地到达各自操作室，及时报告就位情况。

8. 按以上操作分轮次进行，直至本列车卸砟任务全部完成，然后列车向前方站运行。

第三节　卸砟后检查

1. 整列车运行至前方站，带班工长安排人员设置防护，其余人员携带通信设备，按照规定的安全行走路线全面检查车辆：

(1)重点检查车辆是否卸空。

(2)车辆溜砟底门及操纵手柄、各截断阀、离合是否关闭到位。下车前关闭瞭望窗，然后锁闭操作间门、窗。

2. 作业人员沿安全路径返回宿营车或出站，参加班后工作小结。

第四节　卸砟作业记录仪使用

卸砟作业规范使用记录仪，能有效促进管理规范化、作业标准化的落实，提升现场卸砟施工质量，确保施工安全。

一、记录仪配备及摄录标准

1. 所有参与卸砟及监装人员每人配备1台，妥善保管，规范使用。

2. 摄录标准。

(1)口述和摄录相结合，真实反映现场检查结果。

(2)带班工长摄录范围：班前技术交底及安全教育会、班后总结会、进出站场、卸砟前准备工作、人员进出站、卸砟作业过程指挥及所承担卸空车辆操作间各键阀关闭情况、停车换位侧操作间门窗溜砟底门检查情况、车辆故障处理、溜砟底门夹砟处理等。

(3)卸砟作业人员摄录范围:所承担卸空车辆操作间各键阀关闭情况,停车换位侧操作间门、窗、溜砟底门检查情况,车辆故障处理、溜砟底门夹砟处理、另外一侧操作间门窗溜砟底门检查情况(根据当日带班工长安排)等。

(4)监装人员摄录范围:溜砟底门检查情况、操作间各键阀关闭情况、操作间门窗锁闭情况、车辆故障处理等。

二、摄录方式

1. 若卸砟前、后时间充分,工长安排逐车详细检查和摄录。

2. 20 辆车及以下时,采用集中式摄录,卸完整列后,从列尾逐车进行详细摄录;20 辆车以上时或时间比较紧张时,摄录可采用分步式的方式进行,即卸完一车摄录一车,卸、摄录同步进行,配合眼看、口述、手比方式进行。摄录做到全覆盖:点前安全技术交底和点后分析总结,点前检查车辆,点中卸砟后各键阀关闭,点中一侧车辆门、窗、溜砟底门等关闭情况,操作间各键阀锁闭落实情况,点后其他以前未摄录处所的底门等检查摄录,必须做到不漏项。

三、数据管理

1. 凡是需要卸砟、检查及监装车辆的作业,都必须使用记录仪摄录。

2. 任何人员均不得擅自删除和改动记录仪及对讲机音频数据、资料。

3. 对记录仪所产生的全部音视频数据，安排专人进行下载，并以“×年×月×日＋班组＋卸砟作业区间”命名打包、存储。正常数据保存期不少于三个月；发生非正常情况时，以及纳入深度分析等重要数据保存期不少于一年；发生行车设备故障、铁路交通事故时，数据保存期不少于三年。

4. 音视频数据分析：安排专人负责摄录后及时回放分析，定时向上级部门上报记录仪使用数量、分析数量、发现问题及整改措施。

四、考核规定

1. 卸砟（监装）人员：对作业不按规定携带、未规范使用记录仪和作业过程中无故关闭记录仪，纳入严重违章考核；问题连续发生、限期整改不到位的，经分析无正当理由，按照安全红线问题考核。

2. 工长：每周全覆盖回放分析发现 2 个以上问题，对没有进行分析或者弄虚作假的考核工班 5 分/次；未发现问题及发现问题质量不高的纳入班组月度绩效考核，未发现问题或未按时主动上报班组考核 2 分/周次，发现问题质量不高考核班组 1 分/周次。

3. 对发现问题按要求进行原因分析和制定防范、整改措施并在作业过程中抓好整改落实。未抓好整改落实造成问题重复出现班组考核 3 分/次。

4. 对擅自删除音视频数据，故意损坏记录设备的人员及班组，纳入红线考核，责任人下岗处理，并根据造成的经济损失照价赔偿。

5. 对屡次不执行、弄虚作假、敷衍应付的工长、个人，经反复提示仍不执行的，提级考核。

第九章　石砟漏斗车卸砟操作规程

石砟漏斗车卸砟操作主要指石砟漏斗车风动启门操作，无风或风动系统因临时故障压力不足时，用手动启门卸砟的操作和要求。

1. 作业前穿好工作服、防滑鞋，戴好工作帽、口罩、手套等防护用品。

2. 打开操作间门窗，进入操作室，把主截断塞门置于开通位置。

3. 通知施工负责人联系机车进行充风。

4. 检查风动操纵设备：

(1)检查左右截断塞门是否处于关闭状态，风管路有无漏风。

(2)检查活塞杆推杆与摆块连接是否牢固、有无松动。

(3)检查各部件开口销有无折损，各连接螺栓有无松动、脱落等。

5. 检查离合器是否开合顺畅，并置于分离状态。

6. 将操纵阀手柄放在手动卸砟位置。

7. 待风压表达到 0.42 MPa 后向卸砟负责人显示可卸砟信号。

8. 到达卸砟地点后，按照卸砟负责人的指示进行卸砟作业。

9. 在无风或风压不足时，采用手动卸砟方式进行卸砟。

(1)将手柄置于手动卸砟位置。

(2)合上离合器。

(3)按照卸砟负责人的指示,旋转手轮进行卸砟。

10. 车辆卸空后及时向后位传递卸砟信号。

11. 打开观察孔认真观察,确认道砟卸空。

12. 关闭溜砟门,将操纵手柄置于手动位置,关闭左右截断塞门,合上离合器,并拧紧手轮,最后关闭主截断塞门。

13. 车辆到站停稳后,联系用砟单位设置好防护,对车辆溜砟底门、门窗进行检查,留声留影。

第十章　重车押运

重车押运从岗位素质要求、乘务制度、押车注意事项、调度监控等方面进行讲述，押运安全管理以“防松脱、防超限、防燃轴、防抱闸、防火灾、防误碰、防偏载”为核心，坚持“精心整备、逐项复核、全程监控、应急有备、确保安全”的原则。重点是工作装置的捆绑，以及安全链拴挂、制动缓解试验、停留站检查、押运途中汇报、防溜防护、值守巡查制度的落实。

第一节　岗位素质要求

1. 石砟漏斗车押运人员属于石砟漏斗车卸砟人员范畴，其知识、技能和岗位工作与石砟漏斗车卸砟人员等同要求之外，还必须熟练掌握石砟漏斗车运输事故的预防措施和必要的应急方法，上岗前必须经过专门训练培训并考试合格。

2. 石砟漏斗车押运岗位应由身心健康、品行良好、无不良社会背景和没有精神疾病等不能控制自己行为能力疾病史的人员担任。

3. 石砟漏斗车押运人员必须有主人翁意识和良好的职业道德，本着对工作和国家财产负责的态度，服从指挥和工作安排，努力做好本职工作，保持良好的精神状态，确保安全押运。

第二节　乘务制度

1. 石砟漏斗车押运人员必须严格执行有关部门制定的石砟漏斗车乘务工作制度。

2. 石砟漏斗车押运人员必须按计划将石砟漏斗车押至指定车站，人随车行，不得擅自离开工作岗位。石砟漏斗车押至指定车站后，押车人员应向段调度汇报，必要时与施工现场卸砟作业负责人做好交接手续和信息反馈工作，经段调度值班员同意后方可离开岗位。

3. 石砟漏斗车押运人员在途中需要就餐时，应与本列车长或编组站运输室联系，问清开车时间，方可离开；两人以上押运时，应轮流就餐或派一人购买食品。因特殊情况丢车或漏乘时，应及时与车站或段调度员取得联系，开具证明，按其指定车次赶上列车。

4. 石砟漏斗车押运人员如在途中患病，属于一般疾病且不严重的情况下应坚持完成任务。若病情严重，不能继续押运时，应与段就近施工单位或段调度联系，交清任务和交接手续，索取证明，请其帮助完成任务和送医院治疗。如时间允许，段或轨料车间可另派押运员追赶列车。两人以上押运时，应留一人继续完成任务。

5. 遇施工现场需要石砟量大、时间紧迫、任务繁重时，石砟漏斗车押运人员应随时与段调度保持联系，主动与行车部门协调沟通，尽可能使石砟漏斗车列按时到位。如途中因局调度调整车流耽误时间，石砟不能按时达到目的地或其他特殊情况不能按时到达时，石砟漏斗车押运人员应提前向段调度或施工现场预告，以便做出相应对策。

6．在押车运行途中，石砟漏斗车押运人员通常须站在驾驶室左侧（不得坐下），随时与司机或车长保持联系。石砟漏斗车押运人员应建立日记，将途中所发生各种情况的时间、地点、处置等事项记载清楚。

第三节　押车注意事项

石砟漏斗车押运人员必须携带无线列调对讲机和手信号进行押车，并随时注意以下事项。

1．提高警惕，严防不法分子破坏设备或流动人员上车生事，特别是夜间遭不明扒车人员偷拆仪表的可能性大、风动操纵部件易遭破坏。

2．发现有人拆卸偷盗仪表、配件等时，要立即采取措施进行制止或与车站联系求援或与就近施工单位人员联系求援。发现有人扒车时，因难以判断其是为了乘车，还是企图盗窃或蓄意破坏，石砟漏斗车押运人员要对扒车人员进行劝告、劝其离开，并与司机、车长、车站取得联系做好应急防范处理措施。

3．石砟漏斗车押运人员要按规定要求对石砟漏斗车所装石砟质量、数量、偏载情况，车帮石砟、车辆过道、操纵室门窗及检修门等进行检查处理。应经常检查：石砟漏斗车底门有无漏砟，活塞推杆、拉杆有无松动，上下曲拐头与轴嵌合之键、销有无脱落，开口销有无折损，各连接螺栓有无松动、脱落，空重阀位置是否正确，各操纵室门窗和检修门是否加固牢靠等。

4．石砟漏斗车押运人员在押运过程中发现影响行车安全的异常情况时，要及时处理。如：车辆行驶中，若发现少量石砟泄漏时，应迅速请求停车，查明原因，及时处理后继续前进；当无法处理或不易抢修时应及时通知司机或车站，请求将该车甩车处理。

5. 在电气化区段，石砟漏斗车押运人员必须严格遵守有关电气化铁路的安全规章制度，确保人身安全万无一失。

6. 石砟漏斗车押运人员在押运过程中，必须按规定的检查时间、检查内容对石砟漏斗车进行全面检查，按要求在《石砟漏斗车作业手账》内进行记录。要详细记载车辆门窗和风动设备、配件名称、受损的数量及原因等情况，并及时汇报。

第四节 调 度 监 控

1. 段调度要加强与铁路局集团公司行车调度部门的联系，并督促押车人员提前 1 h 到岗到位。遇特殊情况，石砟漏斗车押运人员未到位时，不得发车。

2. 段调度要加强与石砟漏斗车押运人员的联系，督促石砟漏斗车押运人员仔细检查石砟的级配、颗粒、粉尘等情况是否符合标准，未达到标准要求不得装车和发车。

3. 石砟漏斗车押运人员要与段调度保持联系，每隔 6～7 h 与段调度通话一次（即每天通话不得少于 4 次），汇报自己的工作情况和车列状况及到达位置。

4. 段调度值班人员要经常随机抽查石砟漏斗车押运人员，掌握押运人员的生活、工作情况，发现离岗及不良情况要及时向有关部门通报并做出相应的补救措施。

5. 对于本段使用的石砟漏斗车，段调度要进行跟踪记录，随时掌握石砟漏斗车的流向，以便根据安全生产需要及时进行调整。

第十一章 石砟漏斗车作业安全风险控制

风险控制是防范隐患、杜绝事故的有效手段。石砟漏斗车作业安全风险控制主要包括风动卸砟作业安全风险控制和监装检车作业安全风险控制两大类。

第一节 风动卸砟作业安全风险控制

风动卸砟作业安全风险及控制措施见表 11-1。

表 11-1 风动卸砟作业安全风险及控制措施

序号	风险点	控制措施
1	未按规定着装	作业人员必须按规定穿戴反光服饰(防护帽、工作服或反光背带,作业人员可根据需要选择),有特殊着装要求的执行其规定
2	未带齐照明设备,存在人身伤害隐患或作业质量不达标	按照《普速铁路工务安全规则》对作业条件的规定执行
3	未进行技术交底,未明确作业时间、地段、数量、禁卸处所等,造成延点、损坏设备设施、人身安全隐患	与用砟单位进行技术交底,明确作业时间、地段、数量、禁卸处所等
4	未按要求进行班前健康问询,班前教育与技术交底针对性不强,预想不充分,存在人身伤害隐患	按要求进行班前健康问询,班前教育与技术交底应有针对性,预想应充分

续上表

序号	风险点	控制措施
5	分工不详细，责任划分不到位，如发生问题责任不清，容易推诿扯皮	详细分工，准确到每个人计划卸哪辆车，责任到位
6	未检查通信设备，未进行试通话，可能造成信息传递不及时、不准确，影响作业质量、人身及行车安全	按要求检查通信设备，进行试呼，确保通信畅通、信息传递及时准确，以保证作业质量达标和人身及行车安全
7	未按规定携带执法记录仪	按规定携带执法记录仪
8	未按规定设置首尾防护，未按安全路径行走进入各车操作间，存在在邻正线侧上下车或人员侵入邻线，存在人身伤害隐患	严格执行“先防护，后作业”，按规定设置首尾防护，沿安全路径行走进入各车操作间，不得在邻正线侧上下车，人员不得侵入邻线
9	未按要求检查操作系统阀、键、活塞螺栓和风压情况；未将检查情况汇报带班人	依次打开操作间门，进入操作间：检查操作系统阀、键、活塞螺栓良好—打开总截止阀一检查风管路有无漏风(风压达到0.42 MPa以上)—打开瞭望窗一联控汇报带班人
10	提前打开左右截断塞门、操作手柄、离合器，未关闭车门，联控不畅	不得提前打开左右截断塞门、操作手柄、离合器；人员在车内站稳扶好，关闭车门，保持联控畅通
11	全列准备工作完成后，各作业人员与带班工长未联控到位情况就通知用砟单位负责人发车，存在漏乘或人身安全隐患	全列准备工作完成后，作业人员各自到达第一轮待卸车内，与带班工长联控确认人员到位后，通知用砟单位负责人发车
12	运行中车门打开，人员站立在门口或扒扶在防滑链上	运行中，人员不得开门站立在门口或扒扶在防滑链上

续上表

序号	风险点	控制措施
13	即将到达卸砟地点，未按顺序做好卸砟前准备	即将到达卸砟地点时，带班工长发布卸砟命令后，作业人员按照以下顺序做好准备：打开二道塞门—再次确认风管路无漏风且风压达到0.42 MPa以上—分开离合器
14	卸砟作业未顺序进行	到达卸砟地点，按工长发布的由前向后的顺序启门卸砟，不得推进运行，不得紧急停车或退行
15	列车运行速度不符合要求	列车运行速度控制在8～15 km/h范围
16	卸砟流量控制无效，卸砟作业中设备使用异常	手握操作手柄，头伸出瞭望窗观察有无禁卸处所、掌握底门开合度，合理控制卸砟流量、判断是否存在偏载和侵限隐患；查看风缸、操作系统是否正常
17	执行“十不卸”“两禁止”不到位	“十不卸”：道岔及道岔咽喉区不卸，明桥面上不卸，道口不卸，无底砟的新线、有底砟但未经压道试验的线路不卸，列车运行速度不符合8～15 km/h不卸，线路一侧卸砟不卸，线路两侧有堆积物、卸砟将威胁行车安全时不卸，恶劣天气及夜间(无天窗点、无充足照明)不卸，卸砟负责人及用砟单位人员未到位不卸，卸砟地点与现场缺砟情况不符不卸。 “两禁止”：禁止单侧卸砟、禁止一人同时卸两辆及以上石砟漏斗车。 发现一侧底门不能打开时，应立即关闭另一侧底门，停止对该辆车的卸砟；发现禁卸处所，及时关闭底门停止卸砟；风压不足时，操纵手动系统进行卸砟

续上表

序号	风险点	控制措施
18	未进行卸空检查	本车卸空后，通过观察孔观察漏斗仓内是否有余砟、杂物，确认后报告卸砟工长
19	确认卸空后，未按顺序关闭各操作系统	操作顺序：操作手柄调整到关位—关闭溜砟门—操作手柄调整排风位置—关闭操作手柄下第二道塞门—合上离合器—拧紧手轮—关闭总截止阀—检查三道塞门及中底门是否处于关闭状态
20	未按规范要求停车换位	溜砟门未关闭，不得到下一辆进行卸砟作业，避免余砟飞溅，飞石伤人，打坏邻线车辆；严禁人员“飞”上“飞”下；严禁背对车辆上下车；严禁从两线间上下车；注意脚下，尽量避开桥梁，防止滑倒跌伤
21	未按要求进行检车作业	整列车卸空到达前方站，防护（对接用砟单位驻站，设置前端、尾端防护）设置到位后，全面检查车辆（操作间内手柄、阀门、离合关闭情况，底门关闭情况），规范使用记录仪进行录制。有余砟必须进行排空处理，如有堆积道砟，使用工具整平，并与用砟单位交接，最后关闭车窗、锁闭车门
22	未按要求进行班后总结	卸砟工长召开班后总结会，包括卸砟、检车及设备情况，总结做得好的方面，分析存在的问题及不足，添乘干部进行点评
23	未执行“同出、同归、同转场”制度，未按安全路径返回	严格执行“同出、同归、同转场”制度，沿安全路径出站并返回宿营车。沿路肩、路旁行走，需跨越线路时，执行“一站、二看、三通过”“驻足、手比、眼看、口呼”制度，严禁来车时抢越

第二节　监装检车作业安全风险控制

监装检车作业安全风险及控制措施见表11-2。

表11-2　监装检车作业安全风险及控制措施

序号	风险点	控制措施
1	班组技术安全交底不清，针对性不强	工班根据当天风动卸砟作业安排，对班组各号位作业人员开展针对性的作业技术交底和安全提醒，做到日技术交底到岗位、到个人；班组长每日班前对作业过程可能发生的风险进行充分预想，细化分工，全程使用作业记录仪进行摄录，留存影像数据备查；利用作业记录仪对班组技术交底学习进行全程录像，确保全程录制画面清晰
2	未按规定着装	作业人员必须按规定穿戴反光服饰（防护帽、工作服或反光背带），作业人员可根据需要选择，有特殊着装要求的执行其规定
3	监装作业距离采石场地沟边缘太近	严格做到监装时距采石场地沟边缘1 m以上安全距离，2人一组，一人作业一人防护
4	未带齐照明设备（昼、夜）	带齐照明设备，严格执行《普速铁路工务安全规则》对作业条件的规定
5	结冰、冻砟，卸砟困难	带齐相关工具，做好寒冷条件作业的准备工作；根据天气情况，与装车单位做好协调沟通，遇恶劣天气延缓卸砟
6	登上风动卸砟车梯作业无专人防护，风动卸砟车动车条件未确认	登梯作业时须安排专人在下面防护；风动卸砟车动车前通知车上作业人员，车上作业人员抓稳扶牢或者下车到安全处所，呼唤应答共同确认后再通知动车

续上表

序号	风险点	控制措施
7	违规横越线路	横越股道须与用砟单位现场防护员或驻站联络员进行联系，确认无车通过后，现场手比眼看确认无车后再横越股道；监装点防护人员使用预警手表和现场瞭望，监听列车运行信息，如有列车接近，待列车通过后，现场手比眼看确认无车后再横越股道
8	检车作业邻线来车下道避车不及时；监装点在站内作业时曲线半径小，瞭望条件不良，下道避车距离不足，存在人员避车风险	监装点防护人员使用预警手表和现场瞭望，监听列车运行信息，如有列车接近应进入车内或到有路肩一侧避车，不得到两线间作业或避车
9	用砟单位进入风动卸砟车操作间，作业时倚靠防护链在门口向外瞭望、手抓住窗户边缘，存在坠落和夹伤风险	上车前工长对用砟单位上车人员进行安全教育；作业期间提醒不得倚靠防护链和手扶在窗户边缘，防止发生意外
10	顶回信号影响行车	作业人员在站内或区间线路上进行检查维修作业时避开钢轨绝缘节；机具须加装绝缘贴；作业后及时清点材料机具数量，防止材料机具掉落到线路上；在区间或站内横越股道时，做好材料机具管理，避开绝缘接头、岔区，防止材料机具掉落到道心和线路上
11	风动卸砟车设备故障检修作业人员安全帽、劳保手套使用不规范	现场作业按照规定使用劳保用品，进入车下、车体内部检修作业或登顶必须佩戴安全帽

续上表

序号	风险点	控制措施
12	刮蹭轨旁设备	风动卸砟车卸砟进入道岔、道口和线路设备密集区段前，提前关闭底门停止卸砟，车辆通过以上区段后再次开门卸砟；用砟单位负责人必须及时确认是否具有放行列车条件
13	三通阀漏风、离合器分离不良、风缸底座螺丝松动、活塞杆脱落、制动系统故障等，影响正常卸砟作业	设备管理人员负责风动卸砟车厂段修工作，及时联系送修处理设备故障、补强安防措施、消除安全隐患；班组长负责每日对所用作业车辆进行检查维护，保证状态良好；现场盯控设备故障处理维修，对不能现场处理问题及时通报设备主管联系解决
14	风动卸砟车窗户插销损坏或脱落伤人	班前对风动卸砟车各部进行全面检查，对检查发现问题进行现场处置，保证风动卸砟车各部作用良好
15	违反车辆操作规程，处置夹砟、冻砟作业中挤伤人员	处理底门夹砟时严禁使用手抠石砟和触摸底门
16	不停电登顶作业，电击伤	未确认停电，在途人员不得随意登顶作业，应保持安全距离
17	停车换位时未与作业负责人联系确认，车未停稳盲目上下车	停车换位时收到负责人工作指令确认车辆停稳后，及时上下车进行换位
18	不熟悉作业风险、不遵守操作规程，违规用手或脚直接接触机械活动部件、伸入机械部件间隙等	班前教育分工时工长明确各项作业安全风险和操作规程；现场作业过程中盯控、提醒作业人员不得将手脚直接接触机械活动部件，防止发生挤夹伤害
19	风动卸砟车操作装置安全防护设施缺失	综合班监装点每次监装检查时对防护设施、警示标志进行一次全面检查，及时对安全防护设施、警示标志进行维护、补充更新

续上表

序号	风险点	控制措施
20	风动卸砟车梯磴、扶手脱焊，车外各部件螺栓松动脱落	监装前，组织作业人员对监装点设备安全进行一次全面检查，做好各部位防脱检查工作，发现问题及时处理
21	车内石砟未排空、两侧底门开启不一致导致偏载	风动卸砟作业后，班组负责人必须组织进行一次全面检查确认排空，作业中注意两侧底门流速、流量，防止出现偏载
22	施工负责人违章指挥，强令冒险作业	作业负责人不得强令冒险作业，现场作业人员有权拒绝执行违章命令
23	不掌握行车组织和限制条件等变化内容	车间职教每年针对行车组织、新技术、新材料、新工艺、新设备变化部分，制定车间职教培训计划，对培训内容进行一次修订完善
24	风动卸砟、监装计划传达有误或漏传、漏报	车间调度每天及时与施工台核对风动卸砟、监装计划内容，正确传达计划内容；接到车间调度传达风动卸砟、监装计划后，根据各班组当月作业任务，确定和发布作业派工单，对提报施工、行车计划内容进行二次核对；现场盯控风动卸砟、监装计划执行情况
25	非正常情况错误指挥或违反单一指挥原则	遇有突发应急事件，启动应急程序，明确班组、车间现场负责人，统一指挥调度

第三节　风动卸砟作业风险研判

推进风险研判标准化、规范化建设是确保作业安全的有效控制办法。遵循安全发展理念，坚持“人民至上，生命至上”，经过对国铁集团的石砟漏斗车存在隐患及发生问题的分析,发现所有问题的出现均与风险研判不到位、风险研判针对性不强有关。如果这些问题不能及时解决,将会影响铁路行车安全和从业人员的人身安全。因此,坚持目标导向、问题导向和结果导向,紧盯安全关键环节,深入开展风险隐患排查和整治,全面研判,防患于未然,成为做好石砟漏斗车安全管理工作的首要关键环节。

一、风险研判的基本思路

1. 想到。想到就是我们常提的“安全关口前移”。

2. 说到。加强有关标准、措施的传达、学习,并坚持每天逐车根据车辆状况有针对性地提醒。在学用结合上下功夫,把提高理论素质与提升工作技能结合起来。

3. 做到。“找差距、抓落实”。在安全生产中我们找到了短板,制定了防控措施,就要指导、引导职工执行作业标准、落实防控措施,使有效的措施办法得到落实。

二、石砟漏斗车的风险项点及防控措施

1. 风险名称:装车前操作系统未关闭,发生漏砟,影响行车安全。

管控措施:①检查上、下传动装置及风动管路系统各部件有无松动;②检查石砟漏斗车底门并确保关闭;③检查各部传动轴灵活完好;④确认操纵阀放在中立位置;⑤确认8号塞门关闭;⑥确认离合器位于分离状态。

2. 风险名称:故障车辆装车,影响行车安全及卸砟。

管控措施:①石砟漏斗车出现不能装车的故障时必须由卸砟负责人进行确认,并及时将故障情况报告车间管理人

员，由车间管理人员决定能否装车。②对现场不能处理的故障，车间管理人员汇总后将故障情况书面或电子邮件报段设备科。

3. 风险名称：装车时监控不到位，造成石块、树枝等装入车内，卸砟时遗留在车内，影响行车安全。

管控措施：①装车前，各作业组指定专人整车检查，作业组长最终确认。②各作业组指定专人负责，各作业组长盯控，防止大于 100 mm 的石块及树枝、编织袋等杂物装入车厢卡住车门造成事故。③卸砟结束后，作业组要逐车检查确认有无杂物，分工到人，明确责任。

4. 风险名称：临时组列无宿营车，石砟漏斗车装车时人员检查车辆和夜间装车途中的交通安全、上下车辆的人身安全问题。

管控措施：①途中注意道路交通及人身安全。②夜间检查车辆时注意上下车的人身安全。③检查作业时，应抽调身体健康的人员进行。④尽可能安排两人以上检查，落实"互控、自控、他控"。

5. 风险名称：操作室车门关闭不及时，安全链悬挂不到位，影响人身安全。

管控措施：①要求卸砟前准备时，随时关闭车门。②卸砟过程中停车上下，在排空的车辆下车时随手关闭车门。③卸砟完成后立即通知现场负责人检查车辆，关闭底门、车窗，经确认符合运行条件后，方可开行列车。

6. 风险名称：出现连续关门车，未及时处理，影响行车安全。

管控措施：①每日定时检查，发现问题及时汇报，交接班时交代清楚;②过列检时与作业人员沟通,查看有无关门车,规范记录,留有痕迹。

7. 风险名称:配合施工无防护或防护不到位,未提前做准备、检查车辆。

管控措施:①与主体单位及时沟通,作业前必须先设好防护,在联系确认到位的情况下,才能开始作业。②停车检查严格执行“一人作业一人防护”制度。

8. 风险名称:卸砟施工时劳保用品穿戴不齐全。

管控措施:①检查职工是否正确佩戴和使用防护用品。②石砟漏斗车乘务人员在卸砟作业中要正确佩戴和使用防护用品。

9. 风险名称:施工人员在两线间下车(多线并行地段),不执行停车上下制度。

管控措施:严格执行停车上下制度。严禁在两线间上下车,必须在两线间下车时(多线并行地段)(在隧道内、曲线等瞭望不良地段严禁在两线间上下车),提前联系卸砟负责人,确认邻线无车时方可上下,下车后靠近本线一侧行走,严禁侵入邻线

10. 风险名称:车体外侧或溜砟板留有碎砟脱落易落入道岔,影响行车安全。

管控措施:①装、卸砟后严格按照作业标准检查,不得有碎砟。②分工明确,将责任落实到岗、到人。卸砟完毕后对石砟漏斗车按顺序编号,分工负责,认真清理残留石砟。

11. 风险名称:卸砟不均,造成侵限;车内死角有遗留石砟,造成偏载。

管控措施:①卸砟作业中严格执行标准,控制好流量,卸

砟完毕后及时检查,杜绝侵限情况发生。②检查待装石砟漏斗车内是否有石块、树枝、杂物。③检查全部石砟漏斗车内是否有余砟、石块。

12. 风险名称:单侧卸砟造成偏载,影响行车安全。

管控措施:①按照施工配合方案,明确作业流程和岗位责任,并严格执行。②作业人员加强与施工负责人联系,控制车速。③严禁单侧卸砟,避免道砟成堆或车辆偏载,监控干部对石砟漏斗车卸砟作业进行全过程盯控。

13. 风险名称:结合部的协调和特殊情况缺乏有效管控措施,对主体单位中间联络员的提示不到位,卸砟过程中有违规探身瞭望情况。

管控措施:①配合施工时进行充分的风险研判,对人员及变化带来的安全风险,有针对性地制定管控措施并告知主体单位;②时刻提醒、监督中间联络人员按标作业,特别是卸砟过程中不能违规探身瞭望。

14. 风险名称:石砟漏斗车操作间车门未关闭或关闭不到位,易造成车门脱落产生事故。

管控措施:①日常检查时,逐车确认车门折页是否开焊。②装车、卸砟后按照班前分工,逐车关闭,作业组组长确认。③中间停留时,作业负责人带领有关人员进行检查并记录。④车辆运行时,利用曲线地段(确保人身安全前提下)进行观察瞭望。⑤发现有异常情况,立即采取措施处理。

15. 风险名称:电气化区段卸砟后违章登高检查车辆,易发生人身安全事故。

管控措施:①电气化区段严禁攀登到石砟漏斗车顶部观察车内石砟情况,严防高压触电造成人身伤害事故的发生;

使用工具时必须与接触网带电部分保持 2 m 以上安全距离。②电化区段卸砟人员上下车应注意接触网支柱及其他设备，防止人员撞击而造成的人员伤害。

16. 风险名称:遗留机具。

管控措施:①加强保管，对机具进行登记。②作业中认真检查保证车上没有动车后易于滑落的机具。③按标准张贴反光条，及时回收。

17. 风险名称:吸烟、取暖造成火灾。

管控措施:严禁宿营车内吸烟。取暖炉、锅炉、灶具等火源的周围要及时清理，不得堆有杂物。

18. 风险名称:宿营车用电量大、用电设备多，易造成火灾事故。

管控措施:①经常检查用电设备(重点排查空调)使用情况，不得使用移动式插排与空调插头相连，防止用电功率大造成插排发热起火。②发电机运行时，人员不得离开宿营车；车辆运行时，不得发电。③发电机启动、关闭必须由有操作证人员操作。

19. 风险名称:保留期间违规跨越、抢越线路，跨线不执行“一站、二看、三通过”和“手比、眼看、口呼”，造成人身伤害。

管控措施:①组织全体作业人员定期开展劳动安全警示教育并严格执行车间制定的细化措施。②跨越线路时，必须做到“一站、二看、三通过”和“手比、眼看、口呼”的规定。③按照规定的路径行走，严禁单人上道。④劳务工由职工带领，落实一对一盯控。

第十二章　石砟漏斗车应急处置

漏砟冻砟是卸砟作业经常遇到的问题，要做到有效防范、及时处置，保证卸砟顺利进行，就要熟练掌握漏砟冻砟应急处置流程及防范措施。

第一节　应急处置目的

石砟漏斗车漏砟冻砟应急处置的目的，主要是进一步规范应急处置的程序、方法及要求，最大限度缩短处置时间，提高应急能力。

第二节　应急处置程序

1. 接收信息。车间调度接到信息后，应在通话记录本内做好详细记录：包括接收时间、信息来源单位、通知信息人员姓名、信息具体内容（地点、信息发现方式、信息基本概况等）。

同时，立即将信息通知车间主任和安全副主任，并上报安全指挥中心，同时通知设备管理单位和相关配合单位。

2. 车间主任接到信息后应全权指挥并立即向车间调度、工长安排有关事项。由工长组织有关人员、携带设备在调度统一指挥下尽快赶到现场待命。同时车间也要由一名副主任带领一名工作人员赶往现场，情况严重时，请示段领导制定处理方案。

3. 到达现场的车间负责人，首先要查明情况，保持与段的联系，按照整治方案，详细、周密地进行分工，按照应急预案尽快组织，争取在最短时间内配合相关部门处理故障，尽快恢复正常。

4. 处置操作程序

(1)对异常车辆进行检查，将离合器关到位，底门关闭，然后对车内剩余道砟进行平整，确保不偏载；

(2)临时清理侵限道砟，确保能够将该列车安全挂走，然后彻底清理限界；

(3)对漏砟车进行补装。

5. 故障处理完毕后将情况报车间负责人和车间调度，由调度汇报安全指挥中心。

6. 现场工作小结，初步分析漏砟原因，明确责任。

7. 召开专题分析会，并确定考核结果，制定整改措施。

第三节　漏砟防范措施

1. 卸砟作业：细化分工，落实到哪个人卸哪几辆车，分清责任；卸空后检车做到认真仔细；检查完毕后将车门、窗锁闭(该问题在未规范处理前拧紧铁丝进行临时处理)，防止非操作人员进入操作间操纵各阀、手柄等。

2. 监装作业：

严格执行以下11个关键点的检查：

(1)检查主截断塞门是否在关闭位；

(2)检查左截断阀门是否在关闭位；

(3)检查右截断阀门是否在关闭位；

(4)检查左操作手柄是否在手动操作位；

(5)检查右操作手柄是否在手动操作位；

(6)检查左离合器闭合状态；

(7)检查右离合器闭合状态；

(8)检查左右活塞螺杆有无脱落；

(9)检查操作间窗关闭状态；

(10)检查操作间门关闭状态；

(11)检查两侧底门关闭情况及车号。

3. 记录仪应规范使用、分析，出现问题可追溯查找，也是保护自己的有效手段。

4. 不断提高全员的安全意识，深刻汲取事故教训，各项作业达到标准化、规范化。

第四节　石砟漏斗车冻砟应急预案

为防止石砟漏斗车在道砟装、卸砟中发生故障，避免发生卸砟事故，特制定本预案措施。

一、装车防冻结预案

1. 每年进入 11 月后，车间调度在安排装车、卸砟计划时，必须将天气条件作为安排装车的必备因素。

2. 调度员办理装车计划前，必须掌握卸砟地到达日期、卸砟日期、天气情况，如果天气预报卸砟地气温低于 0 ℃，或在运输途中有降雪出现且气温较低，调度员与用砟单位联系，待天气好转、气温升高后再进行装车。

3. 在会出现道砟冻结的情况下，遇到特殊情况铁路局集团公司、段安排装车时，调度员须将实际情况全面反馈给上级，并通知石砟漏斗车班组、添乘干部做好防冻卸砟应急处理准备。

4. 装车时，车辆检查人员负责对石砟漏斗车车厢进行检查，若车内有积雪，要将车厢内积雪清扫干净，必须保证车内底门四角处的积雪和杂物清理干净；装车中，不得将冰、雪及冻结的道砟块装入车内。

5. 雪天、雪后装车时，装车单位须用挖掘机、装载机等设备将积雪覆盖的道砟层倒运到一边，从道砟堆芯选料装车。

二、石砟漏斗车道砟冻结卸砟应急措施

1. 进入冬季卸砟，石砟漏斗车班组卸砟前要将道砟冻结卸砟预案作为班前教育安排内容之一。

2. 因特殊原因，石砟漏斗车装砟后在运输途中、停站待卸期间出现降雪、降雨，会出现道砟冻结情况时，卸砟前，石砟漏斗车工长必须与用砟单位负责人进行沟通，并共同商讨制定道砟卸砟及列车运行预案（计划）；工长及时将现场信息反馈给车间调度，车间调度与行车调度提前做好沟通，防止因为道砟冻结造成卸砟延点事故。

3. 冬季卸砟时，后一位卸砟人员应履行监控职责，对前一辆卸砟两侧溜砟情况做好监控，防止偏载发生。

4. 在卸砟过程中出现整车或大面积道砟冻结时，需采取如下处置措施：当打开车门两侧不溜砟，或溜砟量非常小时，关闭车底门，并重新开启卸砟，如此反复多次操作，依然无法

正常卸砟时，须关闭该车底门停止该车卸砟作业，安排后续车辆卸砟。待停车换位时检查该车道砟冻结情况，若属于整车冻结非常严重情况，检查并保证车辆不偏载，拉至前方站再做处理。

5. 在卸砟过程中出现部分道砟冻结时的处置措施：

(1)当打开车门出现两侧溜砟不畅时，反复开启、关闭车门，逐渐卸空车内道砟。若出现冻结砟块无法溜出底门时，停车后进行处理，利用撬棍、大锤将冻砟处理排空。停车后处理溜到线路上的道砟，配合用砟单位清理至限界以外，才可开车继续运行。

(2)卸砟过程中因道砟冻结出现一侧流速慢、一侧流速快的情况时，要严防偏载，卸砟人员要通过操作手柄将流速快的一侧减慢速度，确保两侧流速一致。

(3)停车处理冻砟时，两线间安排专人做好防护，确保人身安全，处理完毕后通知用砟单位负责人开车再次卸砟。

(4)车辆卸完后停车全面检查时，应重点检查车底门四角有无积砟冻结，利用撬棍将车厢四角积砟清理干净，杜绝车内有积砟造成偏载。

6. 整车冻结后，需再次处理冻砟时，要待天气温度回升，石砟漏斗车工长与用砟单位联系做好冻砟处理；用砟单位没有安排时，石砟漏斗车班组严禁私自处理冻砟。车间调度与卸砟单位调度(或负责人)取得联系，做好人员配合及车辆处理。石砟漏斗车工长与用砟单位现场负责人共同做好冻砟卸砟指挥工作。

7. 石砟漏斗车冻砟处理备用工具：每组车备大锤 2 把、撬棍 4 根(长度不超过 1.5 m)，无宿营车编组由卸砟负责人将备用工具清单提报给车站，将应急工具提前放置到固定石砟漏斗车操作间内，卸砟前由卸砟负责人将工具取出备用。

三、其他

1. 须严格坚持“预防车辆偏载运行”的原则，杜绝冒险作业和臆测行事。

2. 冻结后无法卸砟时，不得强行卸砟。若因冻结出现偏载情况，必须将车内道砟扒平，排除偏载险情后，列车才可继续运行。

3. 在有带电区域，人员需要进入车厢内处理冻砟时，严禁站立攀爬车顶进入车内，使用撬杠等工具时，必须保持与接触网的安全距离。

第五节　操作系统失灵的应急预案

操作人员遇有整个操作系统失灵的故障车，应提醒后续车接替作业。

操作人员遇有风动失灵、手动完好的车，在本车处于第一位，且线路状况正常，瞭望条件良好，前方 200 m 内无障碍物（明桥面、隧道、道口、道岔、线路堆积物、电务设备等）时，方可使用手动系统排空本车。

第六节　单边卸砟门打不开应急预案

当一边卸砟门打不开时应立即关闭另一边门，再确认前方无障碍物时，启用手动轮打开故障边门，再启动风动系统。

开另一侧门若一边确系失灵再确认无偏载时，方可关闭整个操纵系统后离车。若检查发现本车有偏载，应立即用对讲机或徒手信号迫停列车，直至故障排除。

第七节　冰盖现象的应急预案

一旦出现车顶部形成冰盖的现象，操作员应立即用对讲机或徒手信号迫停列车，由工长亲自带人处置该险情，要求列车在直线地段以 8～15 km/h 速度运行。

通过机车撂小闸产生振动，将冰盖抖落下来，并排空车斗内的余砟，在确认本车无偏载后，通知施工负责人故障排除完毕。

第八节　连杆传动部位故障的应急预案

在作业过程中，一旦风动车发生连杆传动部位键销脱落，活塞螺栓脱落，危及行车安全时，应采用对讲机、喇叭、口哨、徒手等听觉和视觉信号尽一切办法迫停列车，迅速处置故障，减少设备故障对正常运输秩序的影响。

第九节　风表、底门和手轮故障处理

风表、底门和手轮故障及处理见表 12-1。

表 12-1　风表、底门和手轮故障及处理

故障现象	故障原因	处理方法
风表压力不足 400 kPa	风源压力不足	提高风源压力
	截断塞门未打开	按规定打开截断塞门
	风管泄漏	检修风管
	除尘系统的塞门未关闭	关闭除尘系统所有塞门
风动打不开底门	风缸泄漏	检修风缸
	离合器位置不对	按规定操纵离合器
手轮空转不灵活	减速器阻力大	检修减速器

第十三章 事故案例

第一节 某线石砟漏斗车脱轨事故

一、事故经过

×年×月×日,×段在×线进行大修换砟施工。3 时 51 分,在卸砟过程中,由于卸砟偏载造成机后第 31 位石砟车 KZ_{70} 在×线下行线第一位转向架脱轨,4 时 27 分起复完毕。5 时 49 分列车调度员下令开通区间。根据《铁路交通事故调查处理规则》第十五条之规定,构成调车脱轨一般 D 类事故(D2)。

二、事故原因

1. 直接原因和主要原因

卸砟工蒋某,在另一卸砟工李某未同时到位待卸车的情况下,违反《铁路工务安全规则》第 2.6.4 条"……严禁单侧卸砟……"之规定,违章单人卸砟,造成 KZ_{70} 砟车在曲线上偏载运行。在砟车随时可能发生脱轨的紧急情况下,应急措施又不到位,本应立即关掉已卸端,但实际操作却是强行启动手动盘,由于风动与手动的时间差,最终砟车偏载脱轨。

2. 重要原因

卸砟工长杨某，在安排卸砟程序时，第 31 位石砟车本应安排由卸第 26 位石砟车的人员卸，这样就会有卸 5 个车的检查时间，以发现第 31 位车存在的问题。但杨某没有按正确的卸砟程序安排，而是错误安排蒋某、李某卸完第 30 位石砟车后，立即卸第 31 位石砟车，卸砟准备时间明显不足，卡控措施失效，导致事故发生。

3. 间接原因

(1)按照《铁路工务安全规则》第 2.6.4 条，夜间或隧道内照明不足严禁卸砟，而本次集中修的卸砟时间又全部安排在夜间。这种情况下，卸砟公司对夜间照明不足的困难认识不清，估计不足，既未向铁路局协调组提出加强照明的事宜，也未积极采取应对措施，给事故发生埋下隐患。

(2)当时该地区的 600 多个风动砟车中，存在风动、门锁、扶手、车门等非走行部分检修、被盗问题，但卸砟公司对风动砟车存在的问题见怪不怪，只上报到分公司调度室，未再逐级上报，问题长期未解决，给卸砟工作带来安全隐患。

(3)卸砟公司干部、职工对该线集中修卸砟工作的艰巨性、重要性认识不足，卸砟组织机构、操作流程不能满足集中修长期夜间、量大、短时段的需要。特别是卸砟工居住分散，卸砟管理人员不能有效地掌控他们的休息睡眠情况，也给卸砟工作带来安全隐患。

(4)卸砟公司相关业务部门、铁路公司，日常检查走马观花，对发现的违章违纪问题不下重手，不通报处理，好人主义严重，致使问题得不到超前防范，卡控措施成了摆设，也给事故发生带来隐患。

第二节　某在建铁路石砟漏斗车溜逸脱轨事故

一、事故概况

×年×月×日，新建某铁路，一列满载的石砟漏斗车在未采取制动措施的情况下发生溜逸，与铁路线路作业人员和电气化作业人员发生碰撞，造成了11人死亡、3人受伤的严重后果。

二、事故原因

通过分析这起事故，我们发现石砟漏斗车制动系统的失效以及作业人员安全操作规范不足是导致事故的主要原因。事故调查结果显示，事故的主要原因是石砟漏斗车未按规定采取制动措施，导致车辆溜逸。这起事故不仅暴露了作业人员对安全规定执行不力的问题，还揭示了施工现场安全管理不到位、作业人员安全意识薄弱的现状。这些因素的叠加，最终引发了此次严重事故，对铁路运输安全构成了严重威胁。

第三节　某联络线石砟撒漏打坏行车设备事故

一、事故概况

×年×月×日16时50分某联络线货物列车HXD_{2B}型值乘总重3 135 t、编组38辆、计长41.8。全列石砟漏斗车运行至站间，机后第28位车辆运行方向右侧卸砟底门开启石砟撒漏，先后将与之交会的一辆货物列车机车玻璃和一辆机车右侧近光灯罩打破，被前方车站值班员喊停于下一区间，经处理后18时44分开车，构成铁路交通一般C17类事故。

二、事故原因

装车人员没有认真检查确认车门开闭机构各塞门和离合器的位置是否正确，盲目装车。列车运行过程中，由于列车管内的压手空气通过未关闭到位的截断塞门进入储风缸内，随着列车运行时间延长，储风缸内空气压力逐步上升，双向风缸压力活塞下方的空气压力也随之上升。两侧底门集中开关和右侧的截断塞门没有关闭，当活塞下方的压力达到一定值时，活塞被推出，侧门出现离缝。当双向风缸活塞下方的压力进一步上升时侧门离缝逐渐加大造成石砟泄漏。

第四节　总 结 分 析

这三起事故案例为我们提供了深刻的教训和启示。首先，我们必须认识到安全管理在铁路建设和运营中的重要性，严格遵守安全规章制度，加强现场监管和人员培训。其次，我们需要不断完善安全措施和技术手段，提高铁路建设和运营的安全水平。例如，可以加强对施工现场的安全监管，推广使用先进的安全技术和设备，提高作业人员的安全意识和操作技能等。

此外，为了防范类似事故的再次发生，我们还需要建立健全事故应急预案和应急响应机制。这包括制定详细的事故应急预案、组织定期的应急演练、加强与其他相关部门的沟通协调等。通过这些措施，我们可以提高应对突发事件的能力和效率，减少事故损失和影响。

同时，我们也需要加强对铁路行业安全管理的监管和评估。政府部门应加大对铁路行业的安全监管力度，加强对铁路建设和运营过程中安全管理的监督和检查。此外，还可以通过开展行业安全评估、建立行业安全数据库等方式，全面了解铁路行业安全管理的现状和问题，为制定更加有效的安全管理措施提供依据。

总之，通过对这三起典型铁路事故案例的深入分析和教训总结，我们可以得出以下结论：安全管理是铁路建设和运营中不可或缺的重要环节；加强施工现场安全监管和人员培训是预防事故发生的关键措施；完善安全措施和技术手段是提升铁路安全和稳定的重要保障；建立健全事故应急预案和应急响应机制是应对突发事件的有效手段；加强行业安全管理和监管评估是推动铁路行业安全发展的重要途径。

第十四章　风动卸砟工应知应会

第一节　安全部分

一、填空题

1. 卸砟人员必须责任心强，懂得机械性能，操作熟练，熟悉规章制度。全列车卸砟人员，要统一由________指挥卸砟。

参考答案：卸砟工长

2. 区间分段需一侧卸砟时，应有安全措施。每次列车启动前必须将车内货物进行整理，严禁车辆________。

参考答案：偏载运行

3. 列车发出一长声是____________，列车发出两长声是退行信号。

参考答案：注意启动信号

4. 在列车时速 60～120 km 地段下道避车时，本线来车时不少于________下道；邻线来车时本线可不下道，但必须停止作业。作业人员下道避车时，距钢轨头部外侧距离不小于________，设有避车台(洞)的桥梁(隧道)应进入避车台(洞)避车。

参考答案：800 m　2 m

5. 铁路视觉信号的基本颜色为三种,红色表示停车;黄色表示________运行;绿色表示按规定速度运行。

参考答案:注意或减低速度

6.《普速铁路工务安全规则》第 2.8.3 条规定,在下列地点卸车时,必须由施工(维修)单位制定________安全措施。

(1)道岔及道岔咽喉区。

(2)无砟桥上(长轨列车卸轨除外)。

(2)道口。

(4)有可能损坏信号设备、接触网设备、超偏载检测装置、轨道衡、通信、客(货)车运行安全监测设备、车号自动识别设备处所。

参考答案:有针对性的

7. 卸砟人员应按卸砟负责人统一指挥信号和卸砟计划进行卸砟,并随时加强对________的瞭望。

参考答案:禁卸处所

8. 石砟漏斗车定期检修分为段修和________。

参考答案:厂修

9. 夜间卸砟或在隧道内卸砟,除必须保证充足照明外,卸砟人员必须穿戴________背带。

参考答案:反光

10. 保证安全生产是工务部门的基本职责。各级工务部门必须认真贯彻执行"安全第一、预防为主、________"的方针。

参考答案:综合治理

11. 铁路信号分为视觉信号和________信号。

参考答案：听觉

12. 编挂宿营车的石砟漏斗车在停站备车时，应有______并做好检查。

参考答案：专人值守

13. 严格执行作业标准、操作规程等有关安全规章制度，不得__________过程。

参考答案：简化作业

14. 石砟漏斗车在电气化铁路上装车，应__________作业。

参考答案：停电

15. 卸砟负责人应组织召开施工预想会，做好________，严明作业纪律，确保每一名作业人员熟知作业安全关键项点。

参考答案：班前教育

16. 到达卸砟地点后，卸砟作业人员应打开操作室门、窗，拴好侧门防护链，以防发生__________。

参考答案：人身伤害

17. 停车换位时，应由卸砟负责人统一指挥，待列车停稳后，作业人员在封锁本线一侧路肩上下车，严禁作业人员__________。

参考答案："飞"乘"飞"降

18. 到达前方站后，卸砟负责人应组织卸砟作业人员全面检查石砟漏斗车，清除车内堆积物，检查各手柄归位，清扫操作室并______________。

参考答案：锁好门窗

19. 车辆在工程线上出现脱线、掉道时，卸砟负责人应

________通知安全生产指挥中心和车站值班员，由车辆部门进行鉴别，然后协调处理。

参考答案：立即

20. 发现车辆未卸空或有可能出现偏载时，在车辆未处理之前，严禁__________。

参考答案：车辆运行

21. 石砟漏斗车作业时禁止____________进入操作室，禁止一人同时卸两节车。

参考答案：非操作人员

22. 每组石砟漏斗车应配备必要的防护信号用品和____________材料。

参考答案：应急机具

23. 石砟漏斗车在运行时，卸砟作业人员应__________，不得将身体探出车外。

参考答案：站稳扶好

24. 严禁擅自进入有限空间作业，必须做到“先通风，再检测，后作业”，检测的时间不得早于作业开始前______ min，严禁不通风、检测不合格进入有限空间作业。

参考答案：30

25. 单线区间施工时，移动减速信号牌距施工地点________ m。

参考答案：800

26. 线路架空或加固后桥涵顶进为慢行施工条件。施工作业期间，限速__________。

参考答案：45 km/h

27. 防护作业开始前，作业负责人、驻站联络员、现场防护员要互相核对时间，时间以________为准。

参考答案：运转室时钟

28. 普速铁路维修天窗，单线不应少于________。

参考答案：90 min

29. 邻近营业线施工分为________类。

参考答案：三

30. 防护栅栏应设置在用地界以内______处。

参考答案：0.5 m

二、判断题

31. 双线区间卸砟时，卸砟负责人应进行监督，不得影响邻线的列车运行安全。（ ）

参考答案：√

32. 发现车辆有重大故障，影响列车安全运行时，应通知车长或车站值班员。（ ）

参考答案：√

33. 卸砟人员应根据卸砟地段石砟需要情况及禁卸处所，掌握好卸砟量和运行安全。（ ）

参考答案：√

34. 石砟漏斗车定期检修分为段修和厂修。（ ）

参考答案：√

35. 夜间卸砟或在隧道内卸砟，除必须保证有充足照明外，卸砟人员必须穿戴反光背带。（ ）

参考答案：√

36. 石砟漏斗车的检修按运用车办理。（ ）

参考答案：√

37. 石砟漏斗车运行按路用列车或货物列车办理。（　　）

参考答案:√

38. 石砟漏斗车允许顶进卸砟。（　　）

参考答案:×

39. 夜间或隧道内卸砟时应保证充足照明,必要时用砟单位应设置现场标识。（　　）

参考答案:√

40. 卸砟作业前由用砟单位施工负责人将制定的安全措施向卸砟负责人进行安全交底。（　　）

参考答案:√

三、选择题

41. 在接触网支柱及接触网带电部分（　　）m 范围以内的金属结构均必须接地,在与接触网相连的支柱及金属结构上,若未装设接地线或接地线已损坏时,严禁人员与之接触。

A. 7　　B. 1　　C. 2　　D. 5

参考答案:D

42.《普速铁路工务安全规则》规定:绕行停留车辆时其距离应不少于（　　）m,并注意车辆动态和邻线开来的列车。

A. 8　　B. 2　　C. 5　　D. 10

参考答案:C

43. 作业人员下道避车时,必须在距离钢轨头部外侧（　　）m 以外避车。

A. 2　　B. 2.5　　C. 3　　D. 5

参考答案:A

44. 本线来车,列车速度在 60～120 km/h 之间时,应距离来车不小于(　　)m 下道避车。

A. 300　　B. 500　　C. 800　　D. 1 400

参考答案:C

45. 在电气化区段,卸砟人员和所携带的工具与接触网带电部分必须保持(　　)m 以上距离

A. 2　　B. 4　　C. 10　　D. 15

参考答案:A

四、简答题

46. 卸砟作业劳动安全六条"红线"的内容是什么?

参考答案:卸砟作业劳动安全六条"红线":

(1)严禁安排未经安全教育培训并考试合格的人员上岗。

(2)严禁班前 10 h 和班中饮酒。

(3)严禁天窗点外违规作业。

(4)防护未设好,严禁上道作业。

(5)防护未设好,严禁横跨越过驼峰编组场道岔群、股道。

(6)严禁未按规定停电进行作业。

47. 工务营业线施工必须严格执行"四到位",具体内容是什么?

参考答案:工务营业线施工必须严格执行"四到位",具体内容是:人员到位,职位到位,责任到位,业务水平到位。

48. 工务营业线施工必须严格执行"五不准",具体内容

是什么？

参考答案：工务营业线施工必须严格执行“五不准”，具体内容是：

(1)无施工组织设计不准施工。

(2)技术交底不清、安全责任不明不准施工。

(3)未设好防护不准施工。

(4)施工负责人不到位不准施工。

(5)无施工计划不准施工。

49. 工务营业线施工必须严格把控“六关键”，具体内容是什么？

参考答案：工务营业线施工必须严格把控“六关键”，具体内容是：

(1)严格把控点前准备。

(2)严格把控施工防护。

(3)严格把控点中控制。

(4)严格把控点后开通。

(5)严格把控施工巡养。

(6)严格把控防止机具材料侵限等关键环节。

50. 工务施工劳动安全“十严禁”，具体内容是什么？

参考答案：工务施工劳动安全“十严禁”，具体内容是：

(1)严禁班前不进行劳动安全教育。

(2)严禁作业或转移作业地点不设防护。

(3)严禁防护不到位臆测行事盲目上道。

(4)严禁联系中断继续作业。

(5)严禁防护员脱岗或中断瞭望。

(6)严禁作业负责人延迟下道避车。

(7)严禁上下班走道心、轨枕头。

(8)严禁作业人员脱离防护范围。

(9)严禁在线路上接打手机。

(10)严禁作业车辆随车人员"飞"上"飞"下。

51. 卸砟部门应如何做好卸砟作业环境中的职业病防范工作?

参考答案:卸砟部门对卸砟作业环境中的职业病危害因素(粉尘、噪声等)进行监测,作业点职业病危害因素超标的,须采取职业病防护措施;卸砟作业人员应定期进行职业病危害健康检查,对受到损害的作业人员应及时调离工作岗位。

第二节　理论部分

一、填空题

1. 对石砟漏斗车应经常进行检查维修,使风动管路杆件传动系统及塞门手柄等经常保持正确位置,性能良好。有较大故障时应________交车辆段修理。

参考答案:摘车

2. 石砟漏斗车的检修按________办理。

参考答案:运用车

3. 石砟漏斗车运行按__________或货物列车办理。

参考答案:路用列车

4. 夜间或隧道内卸砟时应保证__________,必要时用砟单位应设置现场标识。

参考答案:充足照明

5. 卸砟作业应在卸砟负责人的__________下进行。

参考答案:统一指挥

6. 石砟漏斗车卸车作业顺序应由____________逐辆完成。

参考答案:列车前部向尾部

7. 运营(新建)铁路线路必须按要求使用___________道砟,并优先应用水洗工艺。

参考答案:特级或一级

8. 高铁施工、维修及上道作业必须在____________进行,天窗时段外不得进入封闭栅栏内。

参考答案:天窗点内

9. 机车牵引卸砟时运行速度应控制在 8～15 km/h,重型轨道车牵引卸砟时运行速度应控制在________ km/h,清筛作业时清筛机后同步卸砟除外。

参考答案:3～10

10. 特殊情况必须由施工(维修)单位制定有针对的安全措施,报__________审批。

参考答案:铁路局集团公司

11. 风压达到__________后,方可启用风动卸砟系统。

参考答案:0.42 MPa

12. 停车技术作业时间不得少于________。

参考答案:10 min

13. 装车时严禁将大于________的石块或其他杂物装入车内。

参考答案:100 mm

14. 值班人员应加强车辆__________,每班巡检不少于

2 次。

参考答案：看管巡视

15. 所卸道砟应________，不得成堆、成块。

参考答案：散布均匀

16. 在桥梁步行板上行走时，必须注意步行板缺少或________情况。

参考答案：损坏

17. 石砟漏斗车段修由车辆段每________年进行一次。

参考答案：两

18. 石砟漏斗车使用管理及日常检查保养实行“两定”“____”制。

参考答案：三包

19. 正常情况下底门完全打开时不小于 190 mm，关闭时缝隙不得大于________。

参考答案：15 mm

20.“三不装”指：车辆未经检查不装、车辆有故障不装、________________。

参考答案：车辆溜砟底门不严不装

21. 严禁将直径大于 100 mm 的石块和其他物体装入车内，冬季气温低于________℃时不得将冰、雪、水装入车内，以免堵塞车门影响卸砟。

参考答案：0

22. 用砟单位应填写《石砟漏斗车卸砟作业交接单》，明确卸砟里程、卸砟数量、禁止卸砟处所________及安全措施等事项。

参考答案：防护设置

23. 多个车辆卸砟时，每辆车上指定一人担任组长，负责指挥卸砟、开关车门、________、清理道沿及做好未卸余料偏载时的整理工作。

参考答案：组织检查限界

24. 卸砟前，各车辆必须充足风。风压不足________时，应用手动装置配合操纵。

参考答案：0.4 MPa

25. 石砟漏斗车容积为 40 m^3，构造速度________，车钩高度 880 mm±10 mm。

参考答案：120 km/h

26. 石砟漏斗车的车体钢结构由车底架、________、漏斗及操纵工作室组成。

参考答案：侧端墙板

27. 石砟漏斗车的定期检修，段修每两年进行一次，厂修每________年进行一次。

参考答案：八

28. 风动车卸砟作业人员上车进入________后应立即放好安全防护栅栏或铁链，并戴好口罩。

参考答案：操纵室

29. 卸砟前应提前将侧窗打开，供卸砟时观察路面道砟情况和观察信号，卸车作业过程中禁止站在操作间门口进行________，禁止在无扶手的平台、过道、端边站立，以防列车突然运行或停车将人甩出车外。

参考答案：瞭望

二、判断题

30. 运营（新建）铁路线路必须按要求使用特级或一级道

砟，并优先应用水洗工艺。（　　）

参考答案：√

31. 所卸道砟不得侵入限界。（　　）

参考答案：√

32. 除卸砟时间外，操作室内各进风塞门及操作手柄应处于开启状态。（　　）

参考答案：×

33. 风动车卸砟时遇有偏载可能发生时，要及时调均，必要时也可停车整平。（　　）

参考答案：√

34. 石砟漏斗车卸砟人员在卸完后应立即关住车门。（　　）

参考答案：√

三、选择题

35. 风压达到（　　）MPa 后，方可启用风动卸砟系统。

A. 0.52　　B. 0.42　　C. 0.32　　D. 0.62

参考答案：B

36. 卸砟过程中如遇道岔及咽喉区要加强信号传递，道岔前后（　　）m（即间距约为两辆车长时）要及时关闭溜砟底门，停止溜放道砟。

A. 30　　B. 10　　C. 20　　D. 25

参考答案：D

37. 故障处理后的放行列车条件由工务（　　）决定。

A. 现场负责人　　B. 工长

C. 作业人员　　D. 防护员

参考答案:A

38. 石砟漏斗车每车容量大约是(　　)m^3。

A. 26　　B. 36　　C. 46　　D. 56

参考答案:B

39. 按时速 8 km 双外侧全开门卸砟 100 m,其卸砟量约为(　　)m^3。

A. 25　　B. 35　　C. 45　　D. 55

参考答案:B

40. 区间卸砟石料车作业的施工领导人应由职务不低于(　　)的人员担任。

A. 组长　　B. 工长　　C. 分队长　　B. 副工长

参考答案:B

41. 石砟漏斗车在卸砟前,各车辆必须充足风,风压不足(　　)kg/cm^2,应用手动装置配合操作。

A. 3　　B. 4　　C. 5　　D. 6

参考答案:B

42. 装车时严禁将直径大于(　　)mm 的石块等物体装入车内。

A. 70　　B. 80　　C. 90　　D. 100

参考答案:D

43. 道砟堆放在道心时,最高不准堆放高出钢轨顶面(　　)mm。

A. 20　　B. 25　　C. 30　　D. 40

参考答案:B

44. 因卸砟造成施工严重晚点而构成事故的,至少定(　　)事故。

A. 一般D类　　　　B. 一般C类

C. 一般B类　　　　D. 其他

参考答案：A

四、简答题

45. 石砟漏斗车人员应常备哪些工具？

参考答案：石砟漏斗车人员应常备有大、小扳手各一把，检车锤一把、手电筒一个。

46. 石砟漏斗车的风动启门设备应做好哪些日常保养？

参考答案：(1)风动设备的日常清扫；(2)传动部分定期给油；(3)各零件键、销、螺栓紧固；(4)调速和整修溜砟板；(5)调整摆块摆角。

47. 风动卸砟列车应备有哪些日常保养工具及备品？

参考答案：风动卸砟列车应备有：大管钳、小管钳各两把，黄油桶一个，黄油枪一个，棉纱适量，手锤两把，扁铲一把。携带红、黄信号旗(灯)、口哨、响墩、口罩等。

48. 风动启门系统的操作方法是什么？

参考答案：(1)准备工作：主截止阀处于开通位置，离合器处于分离位置，将操纵阀手柄放在中立位置，打开操纵阀下截断塞门，待风表风压超过4.2 kg/cm^2 即可启门。

(2)左侧卸砟：将左侧操纵阀手柄推向开门位置，底门即打开；手柄放于关位，底门即关闭。中门右门的开闭与左侧门相同。

(3)如需要一手柄同时启动两侧门卸砟，则应将截断塞门开放。(此方法耗风量大，在开关次数较多的时候，最后将造成风压不够无法开、关底门。)

(4)石砟卸完之后,关闭截断塞门,将操纵手柄放于中立位置。

49. 风动卸砟列车在押车过程中,卸砟人员应经常检查什么?

参考答案:车底门有无漏砟现象,活塞推杆、拉杆有无松动,上下曲拐头与轴嵌合之键、销有无脱落,开口销有无折损,各连接螺栓有无松动、脱落,空重阀位置是否正确,各操作室门是否加销等。

50. 石砟漏斗车装车前应先进行什么检查?操作程序如何进行?

参考答案:装车前,押运工首先应检查各漏砟口是否关闭良好。具体操作程序是:各漏砟口关闭后,将操纵手柄置于关闭状,关闭 8 号阀门,拧紧离合手轮,关闭 7 号阀门,排完储风缸。

51. 非石砟漏斗车边走边卸时应做好哪些工作?

参考答案:非石砟漏斗车边走边卸时,应先在卸砟地点停车,停车后发出卸砟通知,各车组长打开车门后,确认溜下的道砟不妨碍行车,再以 8～15 km/h 速度边走边卸,并及时清理限界内的道砟。

52. 卸砟作业前,卸砟人员应按分组、分工对每辆车进行哪些检查?

参考答案:(1)检查各漏斗底门处有无漏砟现象。

(2)进入操纵工作间内,检查上下曲拐、传动拉杆、各连接部件是否有松动脱落,检查手动离合器是否脱开、各操作阀位置是否正确。

(3)给工作风缸充风,查看有无漏风、窜风。

(4)对故障车辆的故障情况做好记录。

(5)向卸砟负责人汇报车辆状况。

53. 普速铁路在哪些地点严禁卸砟?

参考答案:普速铁路在下列地点严禁卸砟:

(1)无底砟的新线或有底砟但未经压道试验的线路。

(2)站台处靠站台一侧。

(3)区间线路的道床积雪覆盖超过轨面处所。

(4)线路两侧有大量堆积物地段。

(5)双线区间,两线不在同一高度时,向高处线路卸砟有可能侵入低处线路建筑限界的地段。

(6)邻线来车时,靠邻线的一侧。

54. 高速铁路在哪些地点严禁卸砟?

参考答案:高速铁路在下列地点严禁卸砟:

(1)有可能损坏线桥、信号、供电、超偏载和限界检查仪、车辆运行安全监测设备处所。

(2)站台处靠站台一侧。

(3)区间线路的道床有积雪覆盖超过轨面处所。

(4)V形天窗地段,卸砟时可能侵入邻线限界的地段。

(5)邻线来车时,靠近邻线的一侧。

55. 开中间底门卸砟应遵守什么规定?

参考答案:开中间底门卸砟必须遵守以下规定:

(1)装车前应检查车辆中间底门操作系统、传动系统,确认状态良好。

(2)卸砟时风压不得低于0.4 MPa,列车应平稳运行,速度不得超过10 km/h。

(3)严禁在夜间、高铁、桥梁、隧道、道岔及半径小于300 m的曲线地段开中间底门。

(4)开启中间底门卸砟时,本车的左、右侧底门都必须关闭。

(5)施工主体单位应安排专人指挥中间底门卸砟，指挥人员与卸砟负责人保持密切联系。指挥人员根据卸砟速度、石砟流量情况，通过卸砟负责人指挥作业人员控制中间底门砟量，发现石砟侵限时，及时通知卸砟作业人员关闭中间底门，再通知登乘机车人员停车，处理完侵限石砟，确认不影响列车运行后，方可继续作业。

56. 小半径曲线卸砟作业有哪些关键控制项点？

参考答案：小半径曲线两侧须均匀卸砟，卸砟负责人必须盯控卸砟情况，加强曲线地段瞭望，卸砟作业人员应注意卸砟状态，防止车辆偏载和线路上股一侧石砟侵限。

第三节　实 作 部 分

一、卸砟作业

(一)考核准备

1. 工具准备

需准备的工具见表 14-1。

表 14-1　卸砟作业工具列表

序号	名　称	规格	数量	备注
1	对讲机		1 部	
2	活口扳手	250 mm	1 把	
3	手钳		1 把	
4	管钳扳手	300 mm	1 把	
5	手电		1 个	
6	防护服、手套、护目镜、防尘口罩		各 1	口罩数量依需求

2. 作业前准备

(1)作业前,首先检查石砟漏斗车传动部分连杆、传动部件是否齐全有效,销、键有无脱落缺少,风管有无明显破损迹象,并给传动部位加油。

(2)打开主截断阀门向风动风缸、储风筒进行充风。储风筒的充风应在 10 min 内完成,压力由 0 上升到 4.2 kg/cm^2。储风筒的风量应保证两个风缸同时启动。

(3)进行充风时应同时检查、辨听各连接风管有无漏风情况。

(4)分离手动离合器。

(5)将操作手柄放在中立位置,打开操作阀门下截断塞门,待风表风压超过 3 kg/cm^2 即可启门。

操作中门卸砟的准备工作同上。

(二)考核内容要求

1. 卸砟前卸砟人员检查各风表风压是否达到规定的压力,待列车运行到卸砟里程后,卸砟人员依据卸砟负责人下达的指令按规定速度进行卸砟。

2. 一侧卸砟:将操纵阀门手柄推向开门位置,底门即打开;手柄推向关门位置,底门即关闭。两侧及中门的开闭与一侧操作相同。

3. 如需用一手柄同时启动两侧门卸砟,则应将两侧底门集中开关塞门开放。但此法耗风量大,开关次数过多将造成风压不够而无法开关底门。

4. 手动系统只在无风的情况下使用,方法是:先将需开门的风动操纵手柄放在手动位置,将风缸活塞两侧之余压缩空气排净,再将离合器合上,旋转手轮即可开闭底门。

5. 卸砟时卸砟人员应一手握住一侧门的操纵手柄，一手握住固定位置，保持身体处于稳定状态，将头伸出侧门观察窗外，边卸边观察卸砟量，同时适当调整操作手柄，保证均匀卸砟。

6. 两人卸砟时，两侧门卸砟人员应同步操作，防止出现两侧卸砟不均匀而造成偏载。

7. 石砟卸完后，应关闭所有底门，将双向风缸的风排空，关闭截断塞门，将操作手柄扳到中立位置。

8. 遇中途需要转移卸砟时，操作人员应按操作程序关闭所有底门，从观察孔观察车内是否有偏载，如有偏载应采取措施均匀石砟。

(三)卸砟作业考核评分表

单位：　　　　姓名：　　　工种：　　　岗位：

项目	考核内容及评分标准	配分	扣分	得分
作业准备(10分)	1. 工具齐全有效，缺少每件扣2分。 2. 检查传动部分连杆、传动部件是否齐全有效，销、键有无脱落缺少，风管有无破损；辨听各连接风管有无漏风情况，分离手动离合器、操作手柄是否在中立位置。未做到每项扣5分	10		
作业程序及质量标准(65分)	3. 卸砟前未检查石砟车扣5分	5		
	4. 卸砟前未进行充风准备、未查看风表压力卸砟扣5分	5		
	5. 准备工作顺序颠倒，每处扣2分，漏项每处扣5分	10		
	6. 未按操作程序开启、关闭底门的每项扣5分，未按卸砟负责人命令(早或晚)卸砟的扣5分	10		

续上表

项目	考核内容及评分标准	配分	扣分	得分
作业程序及质量标准(65分)	7. 操作中出现不同步的，每次扣5分	10		
	8. 卸砟均匀，不得出现少卸、多卸或不卸的地段，如出现每处扣2分；如出现卸砟后砟量超限处所，每处扣10分	15		
	9. 卸砟长度不足100 m或超过100 m，每处扣5分	10		
工具使用与维护(5分)	10. 工具缺少，每件扣1分	2		
	11. 工具损坏，每件扣2分	3		
安全及其他(20分)	12. 未按规定穿戴防护、劳保用品，每件扣1分	5		
	13. 操作中出现操作故障的每处扣10分，操作人员站立不稳、摔倒、碰伤的扣5分	10		
	14. 有事故苗头的每次扣5分	5		
时间	15. 不限时间			
合计		100		
监考人签字：				

二、卸砟车风动系统零部件紧固作业

(一)考核准备

1. 工具准备

需准备的工具见表14-2。

表 14-2 卸砟车风动系统零部件紧固作业工具列表

序号	名 称	规格	数量
1	对讲机		1 部
2	活口扳手	250 mm	1 把
3	手钳		1 把
4	管钳扳手	300 mm	1 把
5	防护服、手套		各 1

2. 作业前准备

(1)作业前穿好防护服、防滑鞋,戴好防护帽、手套。

(2)车辆两端各设一名防护人员。

(3)带上工具备品进入操作室。

(二)考核内容要求

1. 关闭主截止阀,将双向风缸内余风排净;关闭截断塞门,将操纵手柄置于手动位置。

2. 用扳手将左侧启动风缸底座螺栓紧固一遍,加注润滑油;用扳手将右侧启动风缸底座螺栓紧固一遍,加注润滑油。

3. 带上工具备品下车,锁上操作室门窗。

4. 作业后清点工具和擦拭所带信号备品和工具材料,并放回原位摆放整齐。

5. 撤除防护人员,沿安全路径返回。

(三)卸砟车风动系统零部件紧固作业考核评分表

单位: 姓名: 工种: 岗位 :

项目	考核内容及评分标准	配分	扣分	得分
作业准备(10 分)	1. 作业前穿好防护服、防滑鞋,戴好防护帽、手套,缺少每件扣 2 分。 2. 车辆两端各设一名防护人员,未做到扣 5 分	10		

续上表

项目	考核内容及评分标准	配分	扣分	得分
作业程序及质量标准(65分)	3. 作业前未携带工具备品进入操作室扣5分	5		
	4. 未关闭主截止阀,未将双向风缸内余风排净,每项扣5分	10		
	5. 未关闭截断塞门,未将操纵手柄置于手动位置,漏项每处扣5分	15		
	6. 未按操作程序将左侧启动风缸底座螺栓紧固一遍并加注润滑油,扣5分	10		
	7. 未按操作程序将右侧启动风缸底座螺栓紧固一遍并加注润滑油,扣5分	10		
	8. 作业结束带上工具备品下车,锁上操作室门窗,未做到每处扣10分	15		
工具使用与维护(5分)	9. 作业后清点工具和擦拭所带信号备品和工具材料,并放回原位摆放整齐,未做到每件扣1分	2		
	10. 工具损坏,每件扣2分	3		
安全及其他(20分)	11. 未按规定穿戴防护、劳保用品,每件扣1分	5		
	12. 操作中出现操作漏项的每处扣10分,操作人员站立不稳、摔倒、碰伤的扣5分	10		
	13. 有事故苗头的每次扣5分	5		
时间	14. 作业时长30 min,超时1 min扣2分,超时5 min停止作业			
合计		100		
监考人签字:				

三、风动设备日常清扫作业

(一)考核准备

1. 工具准备

风动设备日常清扫作业所需工具见表14-3。

表14-3 风动设备日常清扫作业工具列表

序号	名 称	数量	备注
1	对讲机	1部	
2	扁铲	1把	
3	毛刷	1把	
4	防护服、手套、护目镜、防尘口罩	各1	口罩数量依需求

2. 作业前准备

(1)作业前穿好防护服、防滑鞋,戴好防护帽、口罩、手套等防护用品。

(2)车辆两端各设一名防护人员。

(3)电气化区段,应先确认停电。

(二)考核内容要求

1. 将左侧风缸上面的灰尘扫除干净,如有油垢,用扁铲轻轻铲掉、刷净。

中侧风缸、右侧风缸的清洁要求同左侧风缸。

2. 将操纵室地面清扫干净,关好门。

3. 将操纵室顶面上的石砟清扫干净。

4. 将风动车通过台上的垃圾及散落的石砟清扫干净。

5. 将操纵室门窗锁好。

6. 作业后清点和擦拭所带信号备品和工具材料,并放回原位摆放整齐。

7. 撤除防护人员，沿安全路径返回。

（三）风动设备日常清扫作业考核评分表

单位：　　　　　姓名：　　　　工种：　　　　岗位：

项目	考核内容及评分标准	配分	扣分	得分
作业准备（10分）	1. 作业前穿好防护服、防滑鞋，戴好防护帽、手套，缺少每件扣2分。 2. 车辆两端各设一名防护人员，未做到扣5分	10		
作业程序及质量标准（65分）	3. 电气化区段，未确认停电扣5分	5		
	4. 左侧风缸上面的灰尘、油垢清扫不彻底，每项扣5分。	15		
	5. 右侧风缸上面的灰尘、油垢清扫不彻底，每项扣5分	15		
	6. 中侧风缸上面的灰尘、油垢清扫不彻底，每项扣5分	15		
	7. 未按操作程序将操纵室顶面上的石砟清扫干净扣5分，未将风动车通过台上的垃圾及散落的石砟清扫干净扣5分	10		
	8. 作业结束带上工具备品下车，锁上操作室门窗，未做到每处扣2分	5		
工具使用与维护（5分）	9. 作业后清点工具和擦拭所带信号备品和工具材料，并放回原位摆放整齐，未做到每件扣1分	2		
	10. 工具损坏，每件扣2分	3		
安全及其他（20分）	11. 未按规定穿戴防护、劳保用品，每件扣1分	5		
	12. 操作中出现操作漏项的每处扣10分，操作人员站立不稳、摔倒、碰伤的扣5分	10		
	13. 有事故苗头的每次扣5分	5		
时间	14. 作业时长30 min，超时1 min扣2分，超时5 min停止作业			
合计		100		
监考人签字：				

第十五章　风动卸砟工必知必会

第一节　安 全 部 分

一、填空题

1. 严禁跳车、钻车、扒车和由车底下、车钩上传递工具材料。休息时不准坐在钢轨、道心、__________及道床边坡上。

参考答案:轨枕头

2. 在线路上(基本建筑限界内)作业、检查或卸砟时,严禁________。

参考答案:接听、拨打手机

3. 卸砟人员必须由经过培训且__________的职工持证上岗。

参考答案:考试合格

4. 沿线路行走时,应走在路肩或路旁,并注意本线和邻线来车,严禁在道心、________行走。

参考答案:轨枕头

5. 人员下道避车时,应________列车认真瞭望,防止列车上的抛落、坠物或绳索伤人。

参考答案:面向

6. 严禁在钢轨上__________、道心坐卧、站立或在车底下避雨、乘凉、休息。

参考答案：轨枕头

7. 停车换位时待车辆停稳后，面向车体踩稳抓牢上下车辆，严禁从________上下车。

参考答案：两线间

8. 凡跨越线路必须执行"手比、眼看、________"制度，确认无列车通过、安全的前提下方可通过。

参考答案：口呼

9.《普速铁路工务安全规则》规定：绕行停留车辆时其距离应不少于____ m，并注意车辆动态和邻线上开来的列车。

参考答案：5

10. 移动各类电器时必须先__________。

参考答案：切断电源

11. "三不伤害"指：不伤害自己、不伤害他人、________。

参考答案：不被他人伤害

12. 在电气化区段作业时，严禁________进行作业，人员及携带物品距接触网设备带电部分不得少于__________ m。

参考答案：攀登车顶　2

13. 雨天作业必须要注意离开接触网支柱________等设备，以防触电。

参考答案：接地线

14. 在线路两侧行走、站立时，应距离钢轨头部外侧不小于________。

参考答案：2 m

15. 作业人员下道避车时应遵守以下规定：距钢轨头部外侧距离不小于____ m，设有避车台（洞）的桥梁（隧道）应进入避车台(洞)避车。

参考答案:2

16. 在电气化区段除牵引供电专业人员按规定作业外,任何人员及所携带的物件、作业工器具等须与牵引供电设备高压带电部分保持____m以上的距离。

参考答案:2

17. 在接触网支柱及接触网带电部分____ m范围以内的金属结构均必须接地,在与接触网相连的支柱及金属结构上,若未装设接地线或接地线已损坏时,严禁人员与之接触。

参考答案:5

18. 通过桥梁、道口或横越线路时,应与驻站联络员联控确认,执行“手比、眼看、口呼”,做到“一停、二看、三通过”,严禁来车时______。

参考答案:抢越

19. 火场逃生时,应弯腰行走或爬行,并用________捂住口鼻。

参考答案:湿毛巾

二、判断题

20. 高处作业人员不准在高处探身接砟。 ( )

参考答案:√

21. 在车列运行中,禁止在无扶手的平车、砂石车靠端、侧边站立。 ( )

参考答案:√

22. 行车主要工种、特殊工种及特种设备操作人员都必须执行持证上岗制度。 ( )

参考答案:√

23. 在站场、线路上作业的人员,应行走路肩,因工作需要必须在轨道上顺线路行走时,不准脚踏钢轨面、连接杆、尖轨及道岔转辙滑床区域等。（　　）

参考答案:√

24. 在站场、线路上作业的人员,下道后应在安全处,身体及所携带物品不得侵入限界,并注意列车动态,不准在钢轨上、车底下、枕木头、道心里、道床边坡等限界内休息或滞留。（　　）

参考答案:√

25. 正确使用劳动防护用品,是铁路全体作业人员共同遵守的劳动安全守则。（　　）

参考答案:√

26. 双线区间卸砟不得侵入邻线限界,邻线有列车开来时,应停止向邻线一侧卸砟。（　　）

参考答案:√

27. 电力机车牵引风动石砟车在区间卸砟时,接触网可不停电。（　　）

参考答案:√

28. 卸砟作业人员必须穿着有红色标志的防护服(帽),夜间要有反光标志。（　　）

参考答案:×　(应为黄色)

29. 停车换位时待车辆停稳后,不需要面向车体踩稳抓牢上下车辆,严禁从两线间上下车。（　　）

参考答案:×

三、选择题

30. 作业人员下道避车时应遵守以下规定:距钢轨头部外侧距离不小于(　　) m,设有避车台(洞)的桥梁(隧道)应进入避车台(洞)避车。

A. 1　　B. 2　　C. 3　　D. 4

参考答案:B

31.《普速铁路工务安全规则》规定:绕行停留车辆时其距离应不少于(　　) m,并注意车辆动态和邻线开来的列车。

A. 1　　B. 6　　C. 3　　D. 5

参考答案:D

32. 在电气化区段除牵引供电专业人员按规定作业外,任何人员及所携带的物件、作业工器具等须与牵引供电设备高压带电部分保持(　　)m 以上的距离。

A. 1　　B. 2　　C. 3　　D. 4

参考答案:B

33. 速度大于(　　)km/h 区段的工区配置带“T”字减速信号。

A. 120　　B. 80　　C. 60　　D. 160

参考答案:A

34. 铁路职工都要做到班前充分休息,班前(　　)h 及班中严禁饮酒;工作前认真检查设备、机具,确认良好后方准操作。

A. 2　　B. 4　　C. 8　　D. 10

参考答案:D

35. 在电气化区段内接触网带电的情况下，禁止用(　　)车辆。

A. 棉纱擦拭　　B. 洒水清扫

C. 水管冲洗　　D. 拖把清理

参考答案：C

36. 发现电气化铁道上带电导线断线接地，应远离(　　)m以外，并对该处进行防护和派人报告。

A. 2　　B. 5　　C. 10　　D. 15

参考答案：C

37. 本线来车，列车速度在120～160 km/h之间时，应距离来车不小于(　　)m下道避车。

A. 800　　B. 1 400　　C. 2 000　　D. 2 500

参考答案：B

38. 区间自动闭塞区间信号(　　)表示运行前方至少有三个闭塞分区空闲，列车可按规定速度运行。

A. 绿色灯光　　B. 红色灯光

C. 黄色灯光　　D. 白色灯光

参考答案：A

39. 卸砟作业人员不得侵入未封锁的线路和邻线两线间检查、保养作业，遇特殊情况，应(　　)。

A. 及时上报　　B. 停止作业

C. 拦停列车　　D. 按规定设置防护

参考答案：D

40. 夜间卸砟必须有充足的(　　)。

A. 照明　　B. 人员　　C. 机具　　D. 机车

参考答案：A

四、简答题

41. 作业中为保证行车安全，应遵守哪些安全规定？

参考答案：押运人员严禁班前班中饮酒上班，不得钻车底，车未停稳不得上下车，跨越线路要做到“一停、二看、三通过”，不得从车下递送料具，从断开的车辆通过时，距车辆不得少于 5 m。

42. 在带电的接触网下禁止哪些行为？

参考答案：禁止攀登机车、宿营车、棚车及罐车车顶。禁止用水管冲洗车辆和向接触网喷射。禁止抛甩绳索或站在棚车上操作闸或在车上捆绑篷布。禁止在卸高边敞车路料时，举铲子、抛绳子等。

43. 在铁路沿线工作的人员，首先要养成哪些良好习惯？

参考答案：随时注意倾听瞭望（严禁衣帽遮耳），及时下道避车。行走时不得并行、打闹、说笑和闲聊。任何时候都不要在线路上拨打接听手机或讨论工作。无事时也不要在铁路上行走。

44. 在电气化区段，哪些工务作业必须先停电后作业？

参考答案：检查建筑限界，有碍接触网及行车安全的爆破作业，与接触网间距不足 2 m 的作业等。

45. 在区间或站内步行上下班时，应遵守哪些安全规定？

参考答案：在区间或站内步行时，应在路肩或路旁走行；在双线区间，应面迎来车方向走行；通过桥梁、道口或横越线路时，应“手比、眼看、口呼”，做到“一停、二看、三通过”，严禁来车时抢越。在站内必须走道心时，应在其前后设置专人防护，并严禁脚踏尖轨与基本轨的间隔处，严禁脚踏道岔连接杆、尖轨及轨面等。进路信号辨认不清时，应及时下道避车。

46. 在列车运行途中，为保证行车安全，应做到什么？

参考答案：运行途中，为保证行车安全，押运人员应密切监视是否有漏砟现象，发现异常情况，应立即用对讲机与司机取得联系，以便采取应急处理措施。遇途中站内停车，应检查车内操作设备是否处于良好状态，并清除逗留在操作室内的闲杂人员。

47. 因施工需要，确需在站内走道心时，为保证人身安全，有哪些具体要求？

参考答案：因施工需要，确需在站内走道心时，为保证人身安全，应在其前后设置专人防护，并严禁脚踏尖轨与基本轨的间隔处，严禁脚踏道岔链接杆、尖轨及轨面等。进路信号辨认不清时，应及时下道避车。

48. 在电气化区段进行卸砟作业，对人身安全有什么规定？

参考答案：在电气化区段进行卸砟作业，作业人员应学习和掌握电气化区段作业安全常识；严禁用水管冲洗车辆；严禁在接触网未停电或停电但未接地的情况下登上车顶进行任何作业，作业人员和所携带的物件、工具的任何部位距离接触网带电部分不得小于 2 m。

49. 为确保人身安全，卸砟人员上车进入操纵室，应做好什么工作？

参考答案：为确保人身安全，卸砟人员上车进入操纵室后应立即放好安全防护栅栏或铁链，并戴好口罩。卸砟前应提前将侧窗打开，供卸砟时观察路面道砟情况和观察信号，卸砟作业过程中禁止站在操作间门口进行瞭望，禁止在无扶手的平台、端、边站立，以防列车突然运行或停车将人甩出车外。

第二节　理论部分

一、填空题

1. 石砟漏斗车不允许________卸砟。

参考答案：顶进

2. 卸砟时机车不得________，不得突然停车或后退，严禁运行中跳车、扒车。

参考答案：推进运行

3. 卸砟完成到达前方站停车后，卸砟负责人组织对每辆车进行__________，并进行全程录像。

参考答案：检查确认

4. 编挂宿营车的石砟漏斗，卸砟人员必须随车出发及________。

参考答案：返回

5. 到达卸砟地段前方站时，卸砟人员从________上车，打开操作间门及瞭望窗。

参考答案：无邻线侧

6. 卸砟时发现一侧底门不能打开时，应________关闭另一侧底门。

参考答案：立即

7. 所卸道砟不得____________。

参考答案：侵入限界

8. 野外作业遇雷雨天气时，严禁在大树下电杆旁和________躲避。

参考答案:涵洞内

9. 石砟漏斗车宜按照修程和车型一致或相近车辆操作室________的原则进行编组,不得随意摘解、挪用。

参考答案:两两相连

10. 石砟漏斗车严禁溜放和通过________。

参考答案:驼峰

11. 列车在区间卸完车后,卸砟负责人必须负责检查卸砟情况,清好道沿,清扫检查工作装置,手动离合复位,关好"三门"(斗门、塞门、车门)和加固检修门,确认__________。

参考答案:线路条件和车辆状态

12. 卸砟人员在卸砟前对卸砟地段进行线路调查,插好标记,卸砟时做到心中有数,卸完车后对所有风动车包括余料装载情况进行________。

参考答案:全面检查

13. 石砟漏斗车由车辆走行部分、________、牵引及缓冲装置、风手动启门装置等部分组成。

参考答案:车体钢结构

14. 柄砟板分两种:一种是固定式的(用在中部底门处所),另一种是________的(用在侧部门底门处所)。

参考答案:可调式

15. 风动操纵阀的手柄转动位有________、关闭位、中立位和开门位。从手动位到开门位顺时针依次转动,不得直接逆时针转动。从开门位到手动位逆时针依次转回,不得直接顺时针转动。

参考答案:手动位

16. 石砟漏斗车车体一位端设有封闭式的钢木结构工作

室(或称操纵室),其风动启动风缸、管路、风表、风动操纵手柄、________、单向离合器及离合手柄等设备均设置在操纵室内。

参考答案:手动手轮

17. 操纵室与漏斗间开有________,以便随时瞭望车辆漏斗内石砟情况。操纵室两侧设有瞭望窗和可以加锁的门,为通往邻车还设有过车门和通过台。

参考答案:瞭望孔

18. 离合器手柄的操作有两种情况。旧型号车的离合器手柄的操作是:手柄往________是"离",往回拉是"合"。而经改造或新型号车(离合装置带有齿轮箱)的离合器手柄的操作却恰恰相反:手柄往前推是"合",往回拉是"离"。

参考答案:前推

19. 中门卸砟人员必须听从________的指挥,缓慢开启底门,以避免有堆砟而碰伤转向架下交叉支撑装置。严防石砟________和超出限界。

参考答案:地面指挥人员　过量

20. 石砟漏斗车,涂有不得通过机械化驼峰标志的,严禁通过________。

参考答案:　机械化驼峰

21. 卸车顺序应由列车前部向尾部逐辆完成,由于石砟漏斗车重心高,卸砟时不得推进运行,不得突然________,严禁单侧卸砟。

参考答案:停车或后退

22. 卸砟人员要掌握好车门开度,不得让道砟______和造成车辆偏载。卸砟完工后,及时清理道沿。

参考答案:成堆

23. 制动装置由风力、人力各一套制动装置组成。风制动采用 GK 三通阀及 350 mm×254 mm 制动缸,制动倍率 9.3。制动缸安装在底架上方。人力制动系采用______。

参考答案:链式制动机

24. 当列车主管的压力等于或高于______时,在主塞门开通的情况下,调整阀开始进风,当低于 420 kPa 时,即停止进风。

参考答案:420 kPa

25. 卸砟过程中如遇道岔及咽喉区要加强信号传递,道岔前后 25 m 即间距约为____辆车长时要及时关闭溜砟底门,停止溜放道砟。

参考答案:两

26. 卸车人员进入操作间后,应检查操作系统及______有无损坏,状态是否良好。

参考答案:传动系统

27. 除卸砟时间外,操作室各进风塞门(包括储风箱的放风塞门)应处于关闭状态,操纵阀手柄应放在________位。

参考答案:中立

28. 遇冰雪天气卸车时,车底门打开不同步时应______,防止偏载。

参考答案:及时关闭

29. 宿营车、职工宿舍等处所的电气线路要保证完好无损,严禁私拉乱接,严禁________用电,严禁使用电炉取暖。

参考答案:超负荷

30. 石砟漏斗车装车前,卸车人员应检查操作室各项

________是否关闭，并将操作室门锁好。

参考答案：阀门

二、判断题

31. 卸车作业应在卸砟负责人的统一指挥下进行。 (　　)

参考答案：√

32. 石砟漏斗车卸车作业顺序应由列车尾部向机后方向逐辆完成。 (　　)

参考答案：×

33. 卸车时机车不得推进运行，不得突然停车或后退，严禁运行中跳车、扒车。 (　　)

参考答案：√

34. 沿线路行走时，应走在路肩或路旁，并注意本线和邻线来车，严禁在道心、枕木头行走。 (　　)

参考答案：√

35. 所卸道砟应散布均匀，不得成堆、成块。 (　　)

参考答案：√

36. 在无底砟的新线和有底砟但未经压道试验的线路上严禁操纵石砟漏斗车卸车。 (　　)

参考答案：√

37. 装车完后，应将车顶砟面平整好，防止偏载，并及时清理好散落在车下线路两侧侵入限界的道砟。 (　　)

参考答案：√

38. 卸车时，手动离合器没拉开，不得用风动设备开关底门；底门因某种原因卡住时，不得用风动或风动手动并用开

关底门，以防损坏机械。　　　　　　　　　　　　　（　　）

参考答案：√

39. 无论昼夜，风动卸砟列车到达卸砟地段车站后，卸砟人员就应立即出发做好卸砟准备。　　　　　　　　　（　　）

参考答案：×

40. 成组石砟漏斗车在站停和备用时，两端应有停车信号防护。　　　　　　　　　　　　　　　　　　　　（　　）

参考答案：√

三、选择题

41. 严禁将直径大于（　　）mm 的石块和其他物体装入车内，冬季气温低于（　　）℃时不得将冰、雪、水装入车内，以免堵塞车门影响卸砟。

A. 100，0　　B. 110，1　　C. 90，0　　D. 100，5

参考答案：A

42. 值班人员应加强车辆看管巡视，每班巡检不少于（　　）次。

A. 2　　B. 1　　C. 3　　D. 4

参考答案：A

43. 跨区间及区间无缝线路应采用（　　）kg/m。

A. 60　　B. 50　　C. 43　　D. 75

参考答案：A

44. 风动卸砟列车运行速度应控制在（　　）km/h。

A. 5～10　　B. 8～15　　C. 10～20　　D. 15～20

参考答案：B

45. 在线间距离不足（　　）的双线区间卸砟时，不得打开靠近邻线的车门。

A. 4 000 mm　　　　　　B. 5 000 mm

C. 5 500 mm　　　　　　C. 6 500 mm

参考答案:D

46. 正线无缝线路直线地段到床砟肩堆高(　　)。

A. 0. 05 m　B. 0. 10 m　C. 0. 15 m　D. 0. 20 m

参考答案:C

四、简答题

47. 靠近线路堆放道砟时应达到什么要求?

参考答案:靠近线路堆放道砟时,道砟应距离线路钢轨头部外侧不少于 810 mm,坡度不陡于 1∶1;如堆放两线间,除距离和坡度要达到上述要求外,其高度从轨面计起不超过 300 mm。

48. 遇到哪些情况时严禁卸砟?

参考答案:(1)夜间或隧道内照明不足。(2)一人同时卸两节车。

49. 普速铁路遇到哪些地点严禁卸车,特殊情况须由施工单位制定有针对性的安全措施,报铁路局集团公司审批?

参考答案:(1)无底砟的新线、有底砟但未经压道试验的线路。

(2)站台处靠站台一侧。

(3)区间线路的道床积雪覆盖超过轨面处所。

(4)线路两侧有大量堆积物地段。

(5)双线区间,两线不在同一平面时,向高处线路卸料有可能侵入低处线路限界的地段。

(6)邻线来车时，靠邻线的一侧。

50. 铁路视觉信号的基本颜色有哪几种？各表示什么意思？

参考答案：铁路视觉信号的基本颜色有红、黄、绿三种。红色——停车；黄色——注意或减低速度运行；绿色——按规定速度运行。

51. 防护中使用的手信号有哪些？

参考答案：(1)停车信号：要求列车停车。

昼间——展开的红旗信号旗；夜间——红色灯光。

昼间无红色信号旗时，两臂高举头上向两侧急剧摇动；夜间无红色灯光时，用白色灯光上下急剧摇动。

(2)减速信号：要求列车降低到要求的速度。

昼间——展开的黄色信号旗；夜间——黄色灯光。

昼间无黄色信号时，用绿色信号旗下压数次；夜间无黄色灯光时，用白色或绿色灯光下压数次。

52. 区间装卸材料时，应做好哪些工作？

参考答案：(1)配备足够的装卸砟人员、工具和信号用品。

(2)夜间作业时，配有足够的照明设备。

(3)预先与行车调度员、车站值班员、段指挥中心调度员进行联系，确认到达车数、车型及到开时刻。

(4)列车出发前，向装卸人员、司机讲清作业计划、卸砟起讫里程、信号联络方法及安全注意事项。

(5)多个车辆卸砟时，每辆车上指定专人负责指挥卸砟、开关车门，组织检查限界、清道及做好未卸余料偏载、偏重时的整理工作。无动力车辆严禁在区间进行摘挂作业。

(6)卸砟时,不得损坏线桥、信号及供电等行车设备。

(7)对笨重材料(如条石、片石、钢轨、混凝土枕等)严禁边走边卸(长轨车除外)。停车卸料时,车轮附近的材料应指定专人及时清理。每次卸砟后开车前应认真检查,确认车门关好、材料堆放稳固、不侵入限界,方可通知司机(车长)开车。

53. 石砟漏斗车日常保养作业,应对操纵室哪些设备进行检查?

参考答案:石砟漏斗车日常保养作业,应对操纵室以下设备进行检查:

(1)检查传动部分键销螺栓是否松动;

(2)检查操作风管路风缸是否漏风;

(3)检查左右塞门是否漏风;

(4)检查活塞杆有无松动;

(5)检查离合器是否分合良好;

(6)检查上下曲拐头与轴嵌合之键、销有无脱落;

(7)检查储风缸是否处于关闭状态;

(8)检查风动元部件是否缺损;

(9)检查传动部分是否润滑。

54. 石砟漏斗车车辆监装重点检查项目有哪些?

参考答案:石砟漏斗车车辆监装重点检查项目有包括:

(1)车辆左、右溜砟底门是否处于关闭;

(2)主截断塞门是否处于关闭位置;

(3)左、右截断塞门是否处于关闭位置;

(4)左、右操作手柄是否放置于手动位置;

(5)左、右离合是否闭合;

(6)左、右活塞螺栓、底座螺栓有无脱落;

(7)左、右瞭望窗是否正常；

(8)左、右车辆窗户、观察孔是否关闭到位；

(9)左右车门是否锁闭。

55. 石砟漏斗车卸砟后的车辆检查重点是什么?

参考答案：石砟漏斗车卸砟后，整列车运行至前方站，必须全面检查车辆(全程使用记录仪录制)：

(1)重点检查车辆是否卸空；

(2)手柄阀、截断塞门、主截断塞门、离合器是否关闭到位；

(3)下车前关闭瞭望窗，然后锁闭操作间门；

(4)检查溜砟底门关闭情况。

56. 卸砟作业“十不卸”规定是什么?

参考答案：为确保石砟漏斗车运行安全、平稳，卸砟作业规定“十不卸”，即：道岔及道岔咽喉区不卸；明桥面上不卸；道口不卸；无底砟的新线、有底砟但未经压道试验的线路不卸；列车运行速度不符合 8～15 km/h 不卸；线路一侧卸砟不卸；线路两侧有堆积物、卸砟将威胁行车安全时不卸；恶劣天气及夜间(无天窗点、无充足照明)不卸；卸砟负责人及用砟单位人员未到位不卸；卸砟地点与现场缺砟情况不符不卸。

第三节　实作部分

一、卸砟监装作业

(一)考核准备

1. 工具准备

需准备的工具见表 15-1。

表 15-1　卸砟监装作业工具列表

序号	名　称	规格	数量	备注
1	对讲机		1 部	
2	活口扳手	250 mm	1 把	
3	手钳		1 把	
4	手电		1 个	
5	防护服、手套、护目镜、防尘口罩		各 1	口罩数量依需求

2. 作业前准备

(1)接到供砟单位(采石场调度)装车计划后,及时携带工具赶往石砟漏斗车到达车站或专用线对车辆进行装车前检查。

(2)按照车间调度或卸砟反馈情况及时处理车辆存在的安全隐患及故障。

(3)处理不了的按照扣车程序及时向车间调度报告采取扣车措施。

(二)考核内容要求

1. 及时处理车辆存在的安全隐患及故障,处理不了的按照扣车程序向车间调度报告采取扣车措施。

2. 检查车辆左、右溜砟底门是否关闭。

3. 检查主截断塞门是否处于关闭位置。

4. 检查左、右截断塞门是否处于关闭位置,左、右操作手柄是否放置于手动位置,左、右离合是否闭合。

5. 检查左、右活塞螺栓、底座螺栓有无脱落,左、右瞭望窗是否正常,左、右车辆窗户、观察孔是否关闭到位,左右车门是否锁闭。

6. 车辆检查人员《石砟漏斗车监装检查单》填写是否规范。

7. 是否执行“三不装”规定。“三不装”即车辆未经检查不装，车辆有故障不装，车辆溜砟底门不严不装。

8. 是否逐车进行检查，清扫车辆顶部、连接处、行走部位等处散落的石砟和杂物。

（三）卸砟监装作业考核评分表

单位：　　　　　姓名：　　　　工种：　　　　岗位：

项目	考核内容及评分标准	配分	扣分	得分
作业准备（10 分）	1. 工具齐全有效，缺少每件扣 2 分。 2. 处理车辆存在的安全隐患及故障，处理不了的向车间调度报告采取扣车措施，未做到每项扣 5 分	10		
作业程序及质量标准（65 分）	3. 未检查车辆左、右溜砟底门是否关闭扣 5 分	5		
	4. 未检查主截断塞门是否处于关闭位置扣 5 分	5		
	5. 未检查左、右截断塞门是否处于关闭位置，左、右操作手柄是否放置于手动位置，左、右离合是否闭合，每处扣 5 分	10		
	6. 未检查左、右活塞螺栓、底座螺栓有无脱落，左、右瞭望窗是否正常，左、右车辆窗户、观察孔是否关闭到位，左右车门是否锁闭，每处扣 5 分	10		
	7.《石砟漏斗车监装检查单》填写不规范，有漏项，每处扣 2 分	10		
	8. 执行“三不装”规定。“三不装”即车辆未经检查不装；车辆有故障不装；车辆溜砟底门不严不装，未做到扣 10 分	15		
	9. 逐车进行检查，清扫车辆顶部、连接处、行走部位等处散落的石砟和杂物，未做到每处扣 5 分	10		

续上表

项目	考核内容及评分标准	配分	扣分	得分
工具使用与维护（5分）	10. 工具缺少，每件扣1分	2		
	11. 工具损坏，每件扣2分	3		
安全及其他（20分）	12. 未按规定穿戴或携带防护、劳保等用品，每件扣1分	5		
	13. 操作中出现操作故障的每处扣10分，操作人员站立不稳、摔倒、碰伤的扣5分	10		
	14. 有事故苗头的每次扣5分	5		
时间	15. 不限时间			
合计		100		
监考人签字：				

二、风动卸砟车风动启门作业

（一）考核准备

1. 工具准备

所需工具见表15-2。

表15-2　风动卸砟车风动启门作业工具列表

序号	名　称	数量	备注
1	对讲机	1部	
2	手钳	1把	
3	手电	1个	
4	防护服、手套	各1	
5	其他（大撬棍）	根据作业情况	冬季防冻砟

2. 作业前准备

(1)穿好防护服、防滑鞋，戴好防护帽、口罩、手套等防护用品。

(2)通知机车送风，使风压达到 0.42 MPa。

(3)进入操作室，挂好防护链后，把主截止阀置于开通位置。

(二)考核内容要求

1. 检查下列风动操纵设备：检查第一、三道塞门是否在关闭状态，风管路不应漏风；检查活塞杆有无松动；检查上下曲拐头与轴嵌合之键、销有无脱落；检查开口销有无折损，各连接螺栓有无松动、脱落。

2. 将离合器置于分离位，将操纵阀手柄放在中立位置。

3. 打开操纵阀下截断塞门，待风压表风压达到 0.42 MPa 后向工长显示可以卸砟信号，做好启门准备。

4. 手握操纵阀，将头伸出窗外，接到卸砟信号后，按指定地点开门卸砟。

5. 道砟即将卸完时向后位传递卸砟信号。

6. 道砟卸完后及时关闭砟门，将操纵手柄放在手动位置，关闭第三道塞门，合上离合器，并拧紧手轮，最后关闭第一道塞门。

7. 车到站停稳后，检查并清理底门道砟，打扫操纵室，锁闭操作室门窗，沿安全路径返回宿营车。

8. 作业后清点和擦拭所带通信、信号备品和机具材料，放回规定位置，摆放整齐。

（三）风动卸砟车风动启门作业考核评分表

单位：　　　　　姓名：　　　　工种：　　　　岗位 ：

项目	考核内容及评分标准	配分	扣分	得分
作业准备（10 分）	1. 工具齐全有效，缺少每件扣 2 分。 2. 防护服、防滑鞋、防护帽、口罩、手套等防护用品齐全，未做到扣 2 分	10		
作业程序及质量标准（65 分）	3. 通知机车送风，使风压达到 0.42 MPa，未做到扣 5 分	5		
	4. 检查第一、三道塞门是否在关闭状态，风管路不应漏风；检查活塞杆有无松动；检查上下曲拐头与轴嵌合之键、销有无脱落；检查开口销有无折报，各连接螺栓有无松动、脱落未做到扣 5 分	5		
	5. 未将离合器置于分离位、将操纵阀手柄放在中立位置，扣 5 分	10		
	6. 未打开操纵阀下截断塞门，风压不足 0.42 MPa，扣 5 分	10		
	7. 未在指定地点开门卸砟，每处扣 5 分	10		
	8. 道砟卸完后未及时关闭砟门，每个扣 5 分	15		
	9. 卸砟作业后，未检查和清理底门道砟，每处扣 5 分	10		
工具使用与维护（5 分）	10. 工具缺少，每件扣 1 分	2		
	11. 工具损坏，每件扣 2 分	3		
安全及其他（20 分）	12. 未按规定穿戴或携带防护、劳保等用品，每件扣 1 分	5		
	13. 操作中出现操作失误的每处扣 10 分，操作人员站立不稳、摔倒、碰伤的扣 5 分	10		
	14. 有事故苗头的每次扣 5 分	5		

续上表

项目	考核内容及评分标准	配分	扣分	得分
时间	15. 不限时间			
合计		100		
监考人签字：				

三、风动卸砟车手动启门作业

(一)考核准备

1. 工具准备

所需工具见表 15-3。

表 15-3　风动卸砟车手动启门作业工具列表

序号	名　称	数量	备注
1	对讲机	1 部	
2	手钳	1 把	
3	手电	1 个	
4	防护服、手套	各 1	
5	其他(大撬棍)	根据作业情况	冬季防冻砟

2. 作业前准备

(1)穿好防护服、防滑鞋，戴好防护帽、口罩、手套等防护用品。

(2)通知机车送风，使风压达到 0.42 MPa。

(3)进入操作室，挂好防护链后，把主截止阀置于开通位置。

(二)考核内容要求

1. 在无风或风动系统因临时故障压力不足时，用手动启门卸砟。

2. 作业前穿好防护服、防滑鞋，戴好防护帽、口罩、手套等防护用品。

3. 进入操作室，挂好防护链，检查手动启门系统状态。

(1)活塞杆与杆头连接紧固。

(2)离合器旋转手轮转动灵活。

4. 将风动操纵阀手柄放在手动位置。

5. 将风缸活塞两侧剩余空气排净。

6. 合上离合器。

7. 接到卸砟信号后，旋转手轮开启砟门，将道砟按要求卸在指定地点。

8. 卸砟作业中认真瞭望，观察道砟流量、均匀卸砟。

9. 道砟即将卸完时向后位传递卸砟信号。

10. 禁卸处所应及时关闭砟门。

11. 道砟卸完后及时关闭砟门，将操纵手柄恢复原位，及时向工长显示卸完信号。

12. 车到站停稳后，检查并清理底门道砟，打扫操纵室，锁闭操作室门窗，沿安全路径返回宿营车。

13. 作业后清点和擦拭所带通信、信号备品和机具材料，放回规定位置，摆放整齐。

(三)风动卸砟车手动启门作业考核评分表

单位：　　　　姓名：　　　工种：　　　岗位：

项目	考核内容及评分标准	配分	扣分	得分
作业准备(10分)	1. 工具齐全有效，缺少每件扣2分。 2. 防护服、防滑鞋、防护帽、口罩、手套等防护用品齐全，未做到扣2分	10		

续上表

项目	考核内容及评分标准	配分	扣分	得分
作业程序及质量标准(65分)	3. 进入操作室,挂好防护链,检查手动启门系统状态:活塞杆与杆头连接紧固,离合器旋转手轮转动灵活,未做到扣5分	5		
	4. 未将风动操纵阀手柄放在手动位置,扣5分	5		
	5. 未将风缸活塞两侧剩余空气排净,未合上离合器,每项扣5分	10		
	6. 接到卸砟信号后,旋转手轮开启砟门,将道砟按要求卸在指定地点,未做到每处扣5分	10		
	7. 禁卸处所未及时关闭砟门每处扣5分	10		
	8. 道砟卸完后未及时关闭砟门,未将操纵手柄恢复原位,未及时向工长显示卸完信号,每项扣5分	15		
	9. 卸砟作业后,未检查和清理底门道砟,每处扣5分	10		
工具使用与维护(5分)	10. 工具缺少,每件扣1分	2		
	11. 工具损坏,每件扣2分	3		

续上表

项目	考核内容及评分标准	配分	扣分	得分
安全及其他（20分）	12. 未按规定穿戴或携带防护、劳保等用品，每件扣1分	5		
	13. 操作中出现操作失误的每处扣10分，操作人员站立不稳、摔倒、碰伤的扣5分	10		
	14. 有事故苗头的每次扣5分	5		
时间	15. 不限时间			
合计		100		
监考人签字：				

附件 1

石砟漏斗车管理台账

配置单位/集团公司：　　　　　　　填报人：　　　　　日期：　　年　　月　　日

序号	车型	车号	制造厂家	自重（t）	载重（t）	换长	出厂日期	定期检修日期		状态
								厂修（本次/下次）	段修（本次/下次）	

说明：

1. 车间每月统计一次，于次月 2 日前报段设备科；
2. 段每月统计一次，于次月 5 日前报集团公司工务部；
3. 状态一栏填写选项为待报废、厂修、段修、待修、故障、封存、正常。

附件 2

石砟漏斗车运用日志

配置单位：　　　　　　填报人：　　　　　　　　　　　　　　　　日期：　　年　　月　　日

序号	车队	编组辆数	重车数	空车数	停放地点	运行径路		到达时间	用砟单位	产砟单位	装车单位	装、卸车起始时间	卸砟地点				装、卸车结束时间	车队负责人	备注
						起点	终点						线名	行别	区间	里程			

说明：

1. 在运行途中，停放地点一栏填写“在途”；

2. 单线卸砟，行别一栏填写“/”；

3. 运行径路一栏起点、终点填写装车点、卸砟点，若分多次卸砟应多次填写，第一次起点、终点分别填写装车点、第一次卸砟点，第二次起点、终点分别填写第一次卸砟点、第二次卸砟点，依次类推；若无运行计划分别填写“/”。

附件 3

石砟漏斗车技术状态检查确认单

配置单位名称		检查地点	
检查数量		首尾车号	首车： 尾车：
检查项目	检查情况	不良情况说明	
车体状况	良好□　不良□		
中间底门开闭	良好□　不良□		
两侧底门开闭	良好□　不良□		
卸砟操作系统	良好□　不良□		
操作手柄位置	中立位□　作业位□		
离合器位置	手动位□　风动位□		
双向风缸余风	排净□　未排净□		
操作室门、窗状况	良好□　不良□		
车内杂物清扫	彻底□　不彻底□		
配置单位检查人		检查日期	年　月　日

说明：装车前操作手柄处中立位，离合器处脱开位，双向风缸余风要排净，车内杂物要清扫干净。

附件 4

石砟漏斗车装载检查确认单

配置单位名称		检查地点	
装车单位名称		货运单位名称	
检查数量		首尾车号	首车： 尾车：
检查项目	检查情况	检查单位	不良情况说明
是否偏载	否□　　是□	货运单位 装车单位	
是否超载	否□　　是□		
是否偏重	否□　　是□		
车内顶砟面 是否高于车帮	否□　　是□		
线路上残留 石砟是否清除	是□　　否□	装车单位	
车上残留石砟 是否清除	是□　　否□		
操作室门、窗和卸 砟底门是否关闭	是□　　否□	配置单位	
操作间各键阀 是否关闭到位	是□　　否□		
配置单位检查人		货运单位检查人	
装车单位检查人		检查日期	年　　月　　日

附件 5

石砟漏斗车卸砟作业交接单

<table>
<tr><td>用料单位</td><td></td><td>供料单位</td><td colspan="3"></td></tr>
<tr><td>卸车区间</td><td>线　行　站(含)～　站(含)</td><td>卸车里程</td><td colspan="3">K　＋　～K　＋</td></tr>
<tr><td>卸车速度</td><td>～　km/h</td><td>计划卸车时间</td><td colspan="3">年　月　日　时　分～　时　分</td></tr>
<tr><td>卸车数量</td><td>辆,计　m^3</td><td>停车次数</td><td></td><td>清道人数</td><td></td></tr>
<tr><td>接触网
分相位置</td><td>K　＋　、K　＋</td><td>禁卸地段里程</td><td colspan="3">K　＋　～K　＋</td></tr>
<tr><td rowspan="2">特殊区段
卸砟技术
交底</td><td colspan="3">普速铁路区段:
1. 道岔及道岔咽喉区(有□无□):K　＋　～K　＋
2. 无砟桥上(有□无□)K　＋　～　K　＋
3. 道口(有□无□):K　＋
4. 有可能损坏信号设置、接触网设备、超偏载检测装置、轨道衡、通信、客(货)车运行安全监测设备、车号自动识别处所(有□ 无□):K　＋</td><td colspan="2">是否制定有针对性的
安全措施
(是□　否□)</td></tr>
<tr><td colspan="3">普速铁路区段:
1. 无底砟的新线或有底砟但未经压道试验的线路(有□无□):K　＋　～K　＋
2. 站台处靠站台一侧(有□无□):K　＋　～K　＋</td><td colspan="2">针对性安全措施是否
经集团公司审批同意
(是□否□)</td></tr>
</table>

续上表

特殊区段卸砟技术交底	3. 区间线路的道床积雪覆盖超过轨面处所(有□无□):K + ~K + 4. 线路两侧有大量堆积物地段(有□无□):K + ~K + 5. 双线区间,两线不在同一高度时,向高处线路卸砟有可能侵入低处线路建筑限界的地段(有□无□):K + ~K + 6. 邻线来车时,靠邻线的一侧(有□无□):K + ~K +	针对性安全措施是否经集团公司审批同意(是□ 否□)
	高速铁路区段: 1. 有可能损坏线桥、信号、供电、超偏载和限界检查仪、车辆运行安全监测设备处所(有□ 无□):K + 2. 站台处靠站台一侧(有□无□):K + ~K + 3. 区间线路的道床有积雪覆盖超过轨面处所(有□无□):K + ~K + 4. V 形天窗地段,卸砟有可能侵入邻线限界的地段(有□无□):K + ~K + 5. 邻线来车时,靠邻线的一侧(有□无□):K + ~K +	针对性安全措施是否经集团公司审批同意(是□ 否□)
	夜间或隧道卸砟:(有□ 无□)	照明是否充足(是□否□)
其他安全注意事项		

施工负责人(签字):　　　　卸砟负责人(签字):

附件 6

石砟漏斗车运行速度与卸砟量换算表

运行速度/(km/h)	每米卸砟量/(m^3/m)	每公里卸砟量/(m^3/km)	每车铺砟长度/(m/车)	
			K_{13NK} 型(60 t/车,36 m^3/车)	KZ_{70} 型(70 t/车,42 m^3/车)
8	0.340	340	105	120
9	0.300	300	120	137
10	0.270	270	133	152
11	0.245	245	147	168
12	0.225	225	160	183
13	0.208	208	173	198
14	0.192	192	187	214
15	0.180	180	200	229

说明:卸砟作业时溜砟速度先快后慢(重力作用),该表按平均溜砟速度换算。

参考文献

[1] 普通铁路工务安全规则[S]. 北京:中国铁道出版社有限公司,2023.

[2]中国铁路西安局集团有限公司. 石砟漏斗车作业[Z]. 2023.

[3]普速铁路线路修理规则[S]. 北京:中国铁道出版社有限公司,2019.

[4]申晓薇,万涛,武进雄,等. 新型铁路石砟车漏斗组成设计与应用[J]. 哈尔滨铁道科技,2021(4):28-32.

[5]《铁路货车概要》编委会. 铁路货车概要[M]. 北京:中国铁道出版社有限公司,2020.

[6]机车车辆强度设计及试验鉴定规范　总则:TB/T 3548—2019[S]. 北京:中国铁道出版社有限公司,2019.

[7]铁路货车运用维修规程[S]. 北京:中国铁道出版社,2018.

[8]罗芝华. 铁路车辆工程[M]. 长沙:中南大学出版社,2015.

[9]中华人民共和国铁路法:2015 年修正[M]. 北京:中国铁道出版社,2015.

[10]雷成伟. 风动卸砟车卸砟作业操作手册[M]. 北京:中国铁道出版社,2015.

[11]宋永乐,刘钜校. 风动卸车工[Z]. 郑州,2002.

[12]宋永乐. 风动卸车工业务理论与实作技能[Z]. 郑州,2002.

[13]铁路采石管理规则[M]. 北京:中国铁道出版社,2000.

[14]中华人民共和国安全生产法[DB/OL]. (2021-06-10)[2024-11-01] flk. npc. gov. cn/detail2. html? ZmY4MDgxODE3YTY2YjgxNjAxN2E3OTU2YjdkYjBhZDQ.